自我的誕生

幫你建立強大真實的自己

武志紅——著

目錄

第三章

依賴媽媽，也要反抗媽媽

第四章 打造你的邊界

第五章 完成心靈的分化

第八章

充分展開你的自我

前言 「我」，是一切的根源

你以為你是門上的鎖，你卻是打開門的鑰匙。糟糕的是你想成為別人，你看不到自己的臉，自己的美容，但沒有別人的容顏比你更美麗。

——魯米

我是一名心理諮商師，從事心理諮商工作已經十四年了，爲很多人提供過心理諮商服務，其中很多個案和我保持著長期的諮詢關係。

隨著不斷累積的臨床心理諮商經驗，自然而然地，我對各種心理現象的關注和思考也不斷加深。最初，我更關注的是家庭教育，「原生家庭」這個詞在中國被廣爲人知，很大程度上就是因爲我的推動。到現在，這幾個字似乎已經成了我的一個標籤。

事實上，雖然是從家庭教育出發，但我並沒有止步於此，而是一直在探索前行。逐漸地，我聚焦在「自我」這個概念上，並形成一個深刻的感知：**大多數人的痛苦，根源都在於自我尚未形成。**那麼，到底什麼是自我？或者反過來問，什麼是沒有自我？

一位個案的故事，推動了我對這個問題的思考。她是一位女士，四十幾歲時開始找我做心理諮商。她未婚、沒孩子，一個人租在一間小小的單身套房裡。可是，她並不是沒有經濟實力，她開了一家公司，公司盈利情況不錯，一點也不缺錢。

那她爲什麼不讓自己的生活變得更好一些呢？因爲她是我們認知中的「大好人」。不怎麼爲自己花錢，但願意爲父母和家人花錢，而且是花很多很多錢，比如替父母買大房子。除了家人，她在談戀愛時也花了不少錢，即便對方人品不怎麼樣，甚至算是個渣男，她也願意花錢。之所以來找我做諮商，是因爲她發現自己心中怨氣太重了，特別是對渣男恨得不得了。

在諮商進行了沒多久後，她對我說出了一件讓她感到非常恐懼的事情：她知道所謂的當「好人」是一種病，但卻一直以「好人」自居，甚至爲此感到驕傲。可是在有一次過生日時發現自己出了大問題。

當時，她收到了很多禮物，這讓她很感動。可是仔細一想，她發現自己已經很久沒有送人生日禮物了。這個發現讓她非常驚訝。當觀察自己的內心時，驚訝升級成了害怕。她發現自己似乎失去了對別人的關心、失去了溫暖的一面，甚至覺得自己失去基本的人性，心正變得冷漠。

這位個案的故事對我有重大的意義。這個故事的關鍵點，細想起來是有點恐怖的——一個好人，逐漸喪失了對所有人的關心。

就是從這時開始，我形成了對「好人」的初步思考。現在回頭看，我可以非常簡單地概括：這種所謂的「好人」狀態，破壞了自己的生活、自我，最終，這種破壞也轉向他人。

做一個所謂的「好人」似乎是一種常見的追求，但這種「好」很容易變成對自己人生和心靈的破壞，這是一種典型的「沒有形成自我」的現象。與「好人」正好相反，另一種沒有形成自我的典型現象是極度在乎自己，我稱之爲高自戀者。人都是自戀的，而高自戀者與一般人最大的不同之處就在於對自己欲望的在乎程度不同。高自戀者極度在乎自己的欲望，可能會不顧一切地去追逐欲望，甚至爲此利用、剝削別人也理直氣壯、心安理得。不只是對欲望，他們也非常在乎自己在每一件事上產生的每一份動力、每一個念頭，並且苛求周圍人完美地配合自己，希望自己在每一件事、每一個細節、每一句話上都占上風。為了贏，他們可以不惜代價。

這本書會用更準確的文字告訴你，「好人」和高自戀者都沒有形成抽象意義上的自我。所以，他們將在每一個細節上發出的動力和意志都當作「我」，將每一個具體細節意義上的「我」的死亡，都等同於「我」本身的死亡。死亡這件事太可怕了，於是他們自然就執著地想要贏。

你發現了嗎？「好人」和高自戀者正好是相反的兩個方向。「好人」一輩子都在滅欲望、滅隱私、滅自我，想以此換取在別人眼裡的好形象。高自戀者則對欲求非常執著，想得到別人配合。你看，因為「我」沒有形成，所以他們總是去關注「你」，想從「你」那裡獲得存在感。

當然，「好人」和高自戀者只是兩種典型表現，自我沒有形成還有形形色色的表現方式。

⌛

搞清楚了什麼是沒有形成自我，那自我究竟又是指什麼呢？這涉及一個概念——存在感。

「存在感」是一個抽象的哲學詞彙，用我的話來翻譯，就是「『我』可以存活的感覺」。如果這種感覺形成了，就意味著一個人的自我形成了。而這本書，講的就是自我形成的過程。

這樣去理解存在感後，就可以直觀地理解很多事情，例如焦慮。焦慮無處不在，關於它的理論研究也很多，我自己的理解是，焦慮或許都是死亡焦慮，它的對立面就是存在感。如果一個人總是處在焦慮中，那可能意味著他的自我尚未形成。如果自我形成了，這份彌散性的焦慮就會變成自在感。所謂自在，也很簡單，把它拆開來看就能明白，也就是「和自己在一起」，或者說「自己在」。

有不少人把自我等同於自私，甚至還有人把自我視爲洪水猛獸。但我要告訴你，自我形成後，一個人會變得非常不同。

自我沒有形成的人總在關注「你」，要不渴望從別人那裡獲得好評，要不苛求別人按照自己的要求來行事。由於活在「我」隨時會死去的焦慮中，他們變得很敏感，好像每時每刻每一種關係中都藏著「生死之戰」——到底是外界的「你」勝利，還是內在的「我」活下來。而這一切，都會給關係——包括人際關係，也包括與事物乃至世界的關係，帶來壓力、剝削和破壞。

比如，有的人在和別人溝通時，只想著傾吐，拒絕聆聽。這就是因爲傾吐意味著你配合我，聆聽則意味著我配合你。如果配合這個動作中有支配與服從的意味，甚至還有生與死的含義，那他們自然會渴望傾吐，抗拒聆聽。

我認爲，一切美好的事情都來自深度關係。而一個人之所以難以建立深度關係，就是因爲存在這種難以言說的死亡焦慮。

當自我誕生後，一個人不僅會獲得存在感和自在感，還會擺脫對別人的過度關注。這時，會發生一件深刻的事情：當「我」的存在得以確立之後，也就意味著「我」可以存活了，就可以看見眞實的「你」了。

自我的誕生，也意味著一個人終於能真正看見別人了。這時，「我」和「你」就可以放心地建立深度關係，然後在當中創造各種美好的事物了。

人是萬物的尺度，一個人的心靈，就是他丈量世界的尺度。**當「我」在黑暗之中，世界也必在黑暗之中；當「我」被照亮，世界也必會變得光明**。照亮你的自我，就是有著如此偉大的意義。

這本書脫胎於「得到App」的課程「自我的誕生」。「自我」是心理學中一個最基本的概念，從這一點來看，這本書和這門課似乎都沒什麼特別的。但當我形成講這個課程的初步意識時，感到無比感動，覺得這是一門「偉大的課程」，因爲對任何人而言，形成抽象意義上的自我都是人生中一個偉大的里程碑。

實際上，我也沒有眞正形成自我，我就是前面講到的那種「好人」，所以我的自我被破壞的程度也很高，再重新把它活出來眞的很不容易。從相當大程度上來說，我也像一個新生兒一樣，要從理論和體驗上去觀察、感知，一個沒有自我的人到底該怎樣逐漸活出自我。理解「自我」這個概念、知道有關自我形成的理論，與在體驗上深刻感知到自我從來都是兩回事。所以，這本書帶著滿滿的感性和體驗，可以說是活生生的。

以上所有因素加在一起，我想自戀地說：這是一本非凡的書。那麼，你完成了這個非凡的過程了嗎？你的自我誕生了嗎？甚至，你開始形成自我了嗎？如果還沒有，那麼，屬於你的生命之旅也就還沒眞正開始。歡迎你閱讀《自我的誕生》，我們一起啓程。

武志紅

二〇二一年十月十五日

序章

自我的意義：開啓屬於你的英雄之旅

黑暗的本質是光明，
正如燈油是燈光的本質。
你是所有將要到來的茉莉、水仙和鳶尾花的源頭。
——魯米

01 你為什麼需要有「自我」

我想先向你說明一點：雖然這本書借用了兒童心理發展理論，並取名為「自我的誕生」，但它主要是寫給成年人看的。

你可能會有點納悶，哪個成年人沒自我呢？畢竟我們整天都把「我」掛在嘴邊。但我想告訴你，不斷地說「我」這個字，有了「我」的意識，並不等於形成了抽象意義上的自我。

抽象意義上的自我

我從事心理諮商工作這麼多年來，做過幾百場講座，而邀請過我的機構總數遠遠超過這個數字。這些講座的內容常常都是我講自己擅長的主題，但大多數時候，邀請方最希望我講的都是壓力和情緒管理方面的內容。

我想，壓力和情緒問題可能是困擾人類最多的心理問題，太多人都深有體會。不過，想必你也觀察到了，不同的人應對壓力和情緒的能力是不同的。有的人應對能力很強，有的人則很容易崩潰，常常陷入情緒的泥淖不能自拔。而且，人們在這方面的表現有一貫性。

那你有沒有想過，這種差別是怎麼形成的？有什麼原因嗎？其實，**最重要的原因就是一個人有沒有形成抽象意義上的自我。**

舉個例子，我有一位個案，她的工作類似於中盤商，工作內容是從乙方工廠採購產品，然後賣給甲方。這份工作帶給她很大的壓力，因爲要同時處理甲方、乙方、自己公司和她自己這四方的利益，這太複雜了。在應對複雜關係時，她有一個招數，就是做一個「無我」的人。簡單來說，就是她很願意讓步，把別人的利益都放在第一位，公司也因此非常信任她。

在簡單的二元關係中，這個招數最容易起作用，因爲犧牲自我可以讓事情變得容易很多。可是，在複雜的多元關係中，她很容易陷入束手無策的境地。例如，公司的上級要她狠狠壓低乙方產品的價格，她立即就會感到巨大的壓力，因爲在面對乙方時，她同樣容易放棄自我，做出讓步。

不僅如此，她的「無我」風格其實還暗藏著一種心理：我已經這麼無私了，你們要認帳；如果你們還不知好歹，我就會非常憤怒。

在情緒管理中，憤怒是一種關鍵性的情緒。容易過分表達憤怒的人，會顯得很有戾氣。但是，如果太難表達憤怒，人就會轉過來擠壓自己，容易變得無助，還會因爲自己表現得這麼虛弱而產生強烈的羞恥感。這些感覺，在這位個案身上都有。多數時候，她表現出來的是讓步，然後再自己消化由此帶來的虛弱、無助和羞恥感。偶爾也會失控，表現出強烈的憤怒，甚至是戾氣，然後生意就很難做下去了。總之，可以說她一直都是個直來直往的人，不會拐彎抹角，和她共事久了的人都知道這個特點。不過，在進行長時間的心理諮商後，她發現自己變了，變得有策略了。

比如，有一天，一個乙方公司的經理很憤怒地對她說某個生意不做了，除非他們大大提高收購價。但這位個案知道這是不可能的，因爲價格提高到那種地步，自己公司和甲方公司都沒辦法通過。可是這個生意有它的價值，對她和公司來說都很重要。

以前碰到這種事，她只有兩種反應，要不討好，要不退回去，可是這次，她的反應變得不同了。她沒有立即陷入情緒中，而是先將自己想像成一個旁觀者，拉開一點距離去觀察這位經理。然後她立即明白了，這位經理只是很憤怒，但生意不可能不做。不過，她不能簡單地戳破這個事實，還得安撫這位經理的情緒。

於是，她對這位經理說：「您很憤怒，我聽到了，也感受到了，抱歉，那我們考慮一下，這個生意就不做了吧。」但轉過頭，她又讓甲方的經理繼續給乙方發提貨單。結果，這筆生意還是做成了。她覺得這是自己平生第一次如此「狡猾」。但實際上，她早就知道可以用各種策略去應對壓力，只是過去壓力一來，情緒就會被激發出來，然後內心被情緒占得滿滿的，也就沒有空間去思考這些策略了。而現在，情緒無法占滿她的內心，她有了更多空間，應對壓力時也變得靈活許多。

看到這裡，你肯定想問，這個空間是怎麼多出來的呢？其實是因爲經過她的努力和長時間的心理諮商，她抽象意義上的自我已經初步形成了。

以前，她有的只是具體意義上的自我，而具體意義上的自我與她在事件中的具體意志緊緊地綁在一起，因此沒有多少空間。抽象意義上的自我則像一個容器，可以容納她在每一個具體事件中的意志，因此有了空間。

「我」與具體的意志

這雖然是我在諮商中遇到的一個案例，但我覺得它不是一個單獨的故事，而是代表了一種規律——抽象意義上的自我是否形成，會給壓力與情緒管理帶來極大的差異。

很多哲學家都認爲，只有生死才是大事。存在主義哲學家、諾貝爾文學獎得主卡繆就說過：「眞正嚴肅的哲學問題只有一個，那就是自殺。」然而，生死其實無處不在——既存在肉體生命的生死，也存在心理層面的生死。例如，容易崩潰的人經常執著於具體的細節，這是因爲他們圍繞這個細節，發出了自己的意志，然後這個意志就成了一份獨立的生命。意志實現，就意味著這份意志活了過來；意志失敗，就意味著它死了。

這引出了一個關鍵問題——在抽象意義上的自我形成之前，人必然會有這樣一種邏輯：「我」等同於「我」發出的任何一份具體的意志。人人都怕死，又把具體意志的生死感知爲「我」的生死，如果一個人的心理處於這種水準，他自然就會執著於細節。可以說，這種水準的自我是具體意義上的自我，不是抽象意義上的自我。

相反，一個有抽象意義的自我的人會有另一種邏輯：每一份意志都只是「我」的一部分，而不是「我」自身。所以，任何一份具體意志的生死，就只是這份具體意志的生死，而不是「我」的生死。

內聚性自我

美國自體心理學創始人海因茨．科胡特❶提出過一個概念，叫「內聚性自我」，這是對抽象意義上的自我更準確的描繪。

科胡特說，內聚性自我的形成是心靈發展歷程中的一個里程碑事件，也是情緒承受能力的關鍵，因爲情緒的驚濤駭浪只會讓內聚性自我晃動，但不會輕易使其瓦解。內聚性自我中有一種向心力，使人的心靈碎片可以被凝聚在一起，而這種向心力，建立在「我基本上是好的」這種感覺之上。

內聚性自我的內核是鮮活流動的生命力，它的外殼則像皮膚，與心靈的血肉自然連在一起，具有彈性和交互性。於是，當外界出現壓力時，形成了內聚性自我的人不僅不容易被壓垮，還能與外部世界進行充分的互動。

如果一個人的自我受到嚴重的攻擊，哪怕「皮膚」被撕裂，內核也遭受創傷，但只要有內聚力在，心靈碎片仍然可以重新組織在一起，這個人就可以獲得新生，甚至可以變得更成熟、更強大。

那麼，內聚性自我是如何形成的呢？簡單來說，一個人需要獲得一種感覺——眞實地展現意志，並深信自己的意志基本上可以實現，這是一種抽象意義上的「我可以存活」的感覺。一旦這種感覺形成後，人就從一個個具體意志的生死中解脫了出來。

我們經常講「存在感」，這個詞有點玄妙，如果換成「我可以存活」，就好理解多了。當這種感覺產生後，人的焦慮就會減輕，就會變得自在起來。所以，一個人有沒有自我，絕不只是與壓力、情緒管理有關，它還有更具魅力的部分。

對此，「得到App」的專職作者賈行家老師有一個很有詩意的描述。他說在他的觀察中，**那些有自我的人就像是一尊尊「小神」，他們不僅自在，還充滿尊嚴感和完整感。**而這本書，除了會爲你講清楚自我的誕生這件事，還會爲你帶來一些副產品，就是讓你更好地管理壓力與情緒，變得更自在，更有尊嚴和完整感，宛如一尊「小神」。

當然，要做到這些是非常不容易的，但至少我們可以先完善自己的認知，對此進行初步的體驗。此外，如果你已經有很多關於自我的誕生與發展的體驗了，那麼我會幫助你更深化並系統性地認識這一點。

在本書，我會借用精神分析中孩子如何在與父母的三元關係中發展出自我的理論，其中涉及的案例大多是我在做心理諮商的過程中，所接觸到的臨床案例。當然，寫作本書的過程也是我個人的一次成長經歷，因為我至今仍然面臨著自我誕生與發展的議題，所以，讓我們一起來走完這段路吧。

---

1. 科胡特是精神分析的重要大師之一，他擴展了精神分析的視野，將尊重和人性帶入精神分析對人的理解和工作中，發展了精神分析最主流的三大學派之一——自體心理學。他的代表作品有《自體的分析》《自體的重建》等。

02 你要經歷哪些階段才能形成自我

本書的理論基礎包含兩部分：一部分是精神分析中的經典理論❷，包括精神分析學家瑪格麗特．馬勒的嬰幼兒心理發展階段論，以及精神分析的創建者佛洛伊德關於「伊底帕斯情結」的理論；另一部分是我的思考，我將其總結爲自我誕生與發展的五階段理論。

馬勒的理論論述的是三歲前的孩子與母親的關係，而佛洛伊德所說的「伊底帕斯情結」講的是三歲之後孩子的發展，這個時候父親也深入參與到母子關係中，與母親、孩子共同構成了複雜的三元關係。下面，我們就來具體看一下這幾個理論究竟講了些什麼。

瑪格麗特．馬勒與嬰幼兒心理發展理論

馬勒認爲，三歲前孩子的心理發展分三個階段。

第一階段：正常自閉期（嬰兒出生到一個月）

只有這個階段的自閉是正常的，此後的自閉都是病態的。

在這個階段，嬰兒的肉體雖然已經出生，但心理上好像仍然活在一個封閉的蛋殼內，表現得對外部世界不感興趣。但是，這個階段絕對不能掉以輕心，不能因爲孩子表現得貌似對外部世界不感興趣，就忽略對他的照顧。相反，母親與其他養育者需要爲孩子提供良好的孵化環境，讓他可以從這個心理蛋殼內破殼而出，從自閉走向開放。

第二階段：正常共生期（兩個月到六個月左右）

與第一階段一樣，只有這個階段的共生是正常的，此後的共生都是病態共生。

例如，常有媽媽說：「我們家孩子十幾歲了，但我們關係非常要好，他什麼都

---

2. 精神分析理論的發展分為三個階段：經典精神分析、客體關係理論和自體心理學。佛洛伊德的理論被視為經典精神分析，他將重點放在三到六歲的「伊底帕斯情結」，重視的是孩子和父母的三元關係。客體關係理論家關注的重點是三歲前的母子關係，認為這時父親的價值是給母親提供支持，而不是直接參與到與孩子的互動中。瑪格麗特．馬勒就是客體關係學家。自體心理學是由科胡特及其追隨者創立的，被視為精神分析發展的第三階段。但這不等於是精神分析發展的高級階段，實際上，有些精神分析師並沒有那麼認可自體心理學。

會告訴我，對我完全沒有祕密。」這其實就是病態共生。對此，中國知名的精神分析學家曾奇峰說過：「沒有祕密，孩子就會長不大，就沒辦法走向獨立。」

父母與孩子的病態共生，一般是父母想和孩子共生在一起，並且大多是父母的意志侵占孩子的生命。對孩子來講，這是沒有必要的。可是六個月前的嬰兒不同，一方面，他們處於全能自戀❸中，覺得自己就是「神」；另一方面，他們又極度虛弱無助，吃喝拉撒睡玩等基本需求都有待媽媽滿足，所以他們必須和媽媽共生在一起。這是一種眞實需求，所以這時的共生是正常共生。

在這個階段，嬰兒會覺得我就是媽媽，媽媽就是我，我和媽媽構成了一個共同體，身體和心理都是連在一起的，這被稱爲母嬰共同體。

第三階段：分離與個體化期（六個月到三十六個月左右）

分離是指身體上的獨立，個體化是指心理上的獨立。在孩子實現了獨立之後，他的個體化自我也就隨之形成了。

在這個階段，孩子的能力越來越強，最終能基本獨立完成吃喝拉撒睡玩等活動，也能與媽媽分離，進而使母嬰共同體最終瓦解。這是一個漫長的過程，不是一蹴而就的。比如，當孩子學會了爬、翻身、坐等動作時，他的自戀會爆發出來，會想立即靠自己完成各種探索。但遇到挫敗後，他會再次陷入虛弱無助的狀態，重新對媽媽產生依賴。隨著能力不斷增長，孩子的自戀又會爆發，會不斷在獨立和依賴之間徘徊。馬勒把這個過程總結成了以下四個亞階段。

・亞階段一：分化與軀體意象期（大約四五個月到十個月）

這時，嬰兒開始把身體從母親身上掙脫下來，開始有獨立的訴求，越來越能體驗與母親的分離，但沒能力走遠，只能在母親腳邊玩；他們會開始檢查什麼是屬於母親的，什麼是不屬於母親的。

3. 全能自戀又被稱為全能感。精神分析理論認為，嬰兒剛出生時都活在全能自戀中。他們覺得世界是渾然一體、不分你我的，覺得自己就像「神」一樣，一發出某個念頭，世界就會給予及時的回應。如果外部世界不按自己的意願運轉，他們就會生出巨大的無助感，就會由「神」變成「魔」，恨不得毀了外部世界，這就是自戀性暴怒。成年後還嚴重地活在全能自戀和自戀性暴怒中，是心理發展水準極低的一種表現。這種人徹底地活在一元世界中，只能感受到自己的意志，而不能感受到別人和自己一樣是平等、獨立的存在。

・亞階段二：實踐期（大約十個月到十五六個月）

這個階段的顯著特徵是嬰幼兒開始進行用四肢爬行的運動，運動知覺等機能得到發展，並且學會走路，而這使嬰幼兒越來越敢離開母親去冒險，練習承受分離焦慮，逐步發展成獨立個體。同時，他們仍然會尋求母親的存在，並不時加以確認，尋求「情感充電」。在這個時期，嬰幼兒的自戀達到頂峰。

・亞階段三：和解期（大約十五六個月到二十四個月）

在這一階段，幼兒的全能感再次受挫，產生獨立和依賴的矛盾：想要分離，又害怕失去；更能包容分離焦慮，但付出的代價是承受很多孤獨、脆弱和依賴。在這一階段，幼兒情緒的種類得到擴展，語言能力不斷提高，客體與規則開始內化。

・亞階段四：情感客體穩定與個體化期（二十四到三十六個月）

在這個過程中，幼兒逐步明確自己是誰。這一階段的主要任務是形成對母親的穩定的內在表象，能維持對母親及其他一切事物的穩定形象，可以將母親內化；當母親不在眼前時，可以保持一種穩定的內在母親的視覺。這個階段也表明幼兒綜合的認知功能逐漸清晰起來。在良好的養育下，孩子到了三歲就會形成個體化自我，同時，與孩子保持基本穩定關係，又為孩子提供了良好養育的媽媽，會被內化到孩子的內心，讓孩子心中住下一個愛的人。這是標誌性的時刻，**個體化自我的形成意味著孩子有了「內在的我」，而心中住下一個愛的媽媽，意味著孩子有了「內在的你」**。

人的心靈發展是非常有意思的，就像是要將外在的東西不斷內化。當內化完成後，人對外在事物的執著就會降低很多。例如，如果個體化沒完成，人們就會對「我」的意志有一種偏執性的堅持；可是一旦有了內在的「我」，「我」在內部心靈中得以存在了，人們對「我」在一個外部事物上是否存在就會變得沒那麼執著了。再比如，在重要關係中，有人能容忍分離，因為他們心中住著一個內在愛的人；有人則難以容忍分離，因為他們心中沒有住著「內在的你」，需要一個「外在的你」在身邊。

佛洛伊德與「伊底帕斯情結」的理論

個體化自我和心中住下一個愛的人極為關鍵。有了這兩者，孩子的心靈才能進入佛洛伊德所說的「伊底帕斯情結」的議題。

「伊底帕斯情結」是三歲到六歲左右❹，也被稱爲戀父戀母期。在這個時期，男孩會與父親「競爭」母親的愛，女孩則會與母親「競爭」父親的愛。可是這種競爭又不能太敵對，也不能澈底實現。要想順利度過這個時期，孩子需要完成對同性父母的認同，男孩認同父親，女孩認同母親，並把目標轉變成找一個像母親或者像父親這樣的異性戀人。

個體化自我是孩子展開競爭的基礎。如果沒有結實的自我，無論是男孩與父親競爭，還是女孩與母親競爭都太難了。孩子需要完成對同性父母的認同，而這種認同得以實現的基礎，就是心中住著一個愛的人。

在伊底帕斯情結下，孩子初步品嘗了競爭與合作，之後就要進入社會，到家庭以外去學習更有張力的競爭與合作，並建構自己的生活了。

自我誕生與發展五階段理論

做爲精神分析取向的諮商師，我根據從事多年的心理諮商工作的心得，提出了一種有關個體自我誕生與發展的更形象化的理解。我認爲，一個人自我的誕生與發展可以分爲以下五個階段：

・自戀之殼
・母愛懷抱
・家庭港灣
・社會熔爐
・無限世界

孩子的生命力需要不斷在更大的空間裡伸展。他們首先要刺破孤獨的自戀之殼，進入母愛懷抱，這是最原始的關係。接著要刺破母愛懷抱，進入父母一起構建的家庭港灣。然後要離開家庭港灣，進入自己所在文化的社會熔爐。最終要刺破社

4. 佛洛伊德認為，「伊底帕斯情結」會發生在三到六歲。在這一時期，孩子的快感中心從口腔、肛門轉移到了生殖器部位，因此這個階段也被稱為生殖器期。後來，以梅蘭妮．克萊茵為代表的客體關係學派對此做出了修正。他們認為，一個人在出生之後幾個月就開始有伊底帕斯情結的萌芽了，只不過是在三到六歲時發展到最高峰。這時，孩子開始注意到性別差異，在心理上，孩子可能會對同性父母產生競爭和嫉妒心。佛洛伊德認為，伊底帕斯情結是人類個體的普遍命運，即每個人到死之前都會保留一些伊底帕斯情結，只不過是多和少的區別。

會熔爐，進入無限世界。

關於這五個階段，還可以用一種更形象化的方式來理解。

想像一隻小鷹，最初牠在蛋中，也就是在自戀之殼中，如果母愛提供了良好的孵化環境，牠就會自然發育、破殼而出。剛破殼的雛鷹嘴還不夠尖，利爪未長出，羽翼也只有雛形，總之，牠的攻擊能力還沒有形成，這時，牠要在母愛懷抱中繼續發育，看起來就像一隻沒有攻擊力的小雞。等攻擊能力初步形成後，變成了眞正的小鷹，需要進入更具挑戰性的環境，去試煉自己的競爭力。

三歲前的孩子就像沒有攻擊力的「小雞」，但三歲後，具有個體化自我的孩子就變成了眞正的「小鷹」。這時，小鷹要打破母愛懷抱的殼，進入家庭港灣，在這個由父母構成的複雜關係中初步試煉自己的攻擊力。然後，牠要進入社會熔爐，最後再進入無限世界去翱翔。這就是自我誕生與發展五階段的形象化展示，也可以稱爲自我誕生與發展的「蛋——雞——鷹」模型。在這本書中，我會以這五個階段爲總體邏輯，一步一步帶你走過整個歷程，帶你學習每一個階段背後的心理學知識。

基本的滿足和必須的邊界

在個體自我誕生與發展的過程中，有一對核心矛盾，也就是基本的滿足和必須的邊界之間的矛盾。

一個孩子必須得到基本的滿足，只有這樣才能體驗到「我的需求是好的」，進而最終簡化爲「我是好的」，這是內聚性自我的向心力的由來。但與此同時，父母必須尊重孩子的邊界，並讓孩子逐漸了解到父母也是有邊界的。

關於這一點，「孵化」是一個重要的隱喻——父母必須看到孩子有一個自戀之殼，這就是他的邊界，而且這個邊界必須被尊重，父母不能貿然幫孩子破殼，所以說，邊界對一個人的成長來說至關重要。但是，對邊界的尊重仍然是我們極度缺乏的東西。在本書中，我也會和你深入探討邊界意識，可以說「打造你的邊界意識」就是本書的另一個隱含標題。

「邊界意識很重要」已成爲現代社會的一個共識。邊界意識既是個體化自我產生的條件，也會因爲個體化自我的發展而得到進一步鞏固。如果說個體化自我的發展是對「我」的尊重，那麼你也會看到，當這一點得以實現時，也會增加一個人對「你」的尊重。這兩者是相互成就的，而不是互爲對立的。

但是，當邊界意識和個體化自我的發展受到阻礙時，你就會看到非常熟悉的東西——糊塗哲學與漿糊邏輯，我將它們概括為混沌共生，也就是下一章要詳細講解的內容。

第一章

擺脫人與人纏繞的混沌共生狀態

我不是什麼，只是你掌中的鏡子，
映出你的善良，你的悲傷，你的憤怒。
如果你是一棵小草或一個微小的花，
我將在你的影子裡搭起我的帳篷。
只有你的存在可以復甦我枯萎的心。
你是蠟燭照亮整個世界，我是你光芒的空容器。
——魯米

引論

混沌共生源自共生心理

所謂混沌共生，指的是人與人之間像纏繞在一起一樣，缺乏清晰的邊界。

我非常喜歡中國當代著名畫家曾梵志「亂筆」系列的畫作。畫面中，亂枝叢生的荊棘後面是一個個被纏繞住的生靈，如老虎、獅子、巨大的兔子或人。我覺得這些畫就是對混沌共生的一種精確表達——人際關係複雜纏繞，鎖住了一個個獨立的個體。正是這種複雜纏繞的人際關係，才催生出了「難得糊塗」的哲學。

糊塗哲學的源頭是共生心理。六個月前的嬰兒會覺得，我就是媽媽，媽媽就是我，我和媽媽在身體與心理上都是一體的，這可以被稱為「母嬰共同體」。對這時的嬰兒來講，共生是必須的、正常的，但之後，共生就都是病態的了。

糊塗哲學，基本上都是因為不能區分「我是我，你是你」而導致的混亂。而如果這種哲學得以盛行，必然會導致混沌共生的纏繞狀態。

在這一章中，我會透過分析我在心理諮商中遇到的個案來解讀這種經典現象。我認為，幫助你認清這些現象，是擺脫這種纏繞的開始。

從整本書的體系來看，本章相當於前奏。

我在常年做心理諮商的臨床觀察中發現，很多人的個體化自我尚未誕生，一直停留在母愛懷抱，甚至是自閉之殼中。從「蛋——雞——鷹」的形象化模型來講，直到一個人成為一隻小鷹，才意味著個體化自我的誕生。因此可以說，處在混沌共生中的人，依然是需要老母雞呵護的小雞。

當然，也有人會去扮演呵護小雞的老母雞，但她們並不是成熟的母親，而是需要和小雞共生在一起才能感受到存在感。

就讓我們正式進入這一章的內容。

01 家庭關係中的漿糊邏輯

有句話叫「清官難斷家務事」，你認同嗎？如果你認同，我認爲就意味著你的家庭與家族是混沌共生的。而關於混沌共生狀態下的漿糊邏輯，我想從一個故事講起。

我的個案中有一個女孩，有一天，她聽說前男友訂婚了。剛聽到這個消息時，她有點難過，但是，當在社群媒體上看到訂婚現場的一張照片時，她突然覺得自己可以祝福前男友和那個女孩了。

這樣看起來，她很善良，對嗎？但和她深聊下去後才發現，她其實是在祝福自己。準確地說，她慶幸訂婚的那個人不是自己，因爲在社群媒體上看到的那張照片讓她有點懼怕。

懼怕什麼呢？從照片上可以看到，雙方重要的家人都參加了訂婚儀式，這讓她覺得從此以後，再也沒有什麼事是兩個年輕人自己的事了。他們所有重大的決策，如結婚、生子和買房，都需要雙方家屬，特別是雙方父母一致同意才行，否則就會不得安寧。

之所以會這樣想，是因爲她家就是這樣。她父母的事從來都不是父母和她這個核心小家庭單獨的事，雙方家族都會參與。即便是很小的矛盾，雙方也很容易鬧得不可開交。就算是和睦相處時，彼此之間也像是一鍋濃得化不開的粥。

她在這樣的家庭中得到了兩個結論：第一，外婆想控制每一個和她相處的人；第二，奶奶比外婆更進一步，不僅想控制每一個和她直接相處的人，還想控制每一份關係——別人怎麼相處，奶奶也要管。事實上，這個女孩所恐懼的，就是在家庭中很容易看到的漿糊邏輯。我根據自己多年做心理諮商的經驗，總結了六條漿糊邏輯。

漿糊邏輯一：我的事也是你的事，你的事也是我的事；我的事是所有人的事，所有人的事都是我的事。

假設你是A，家裡還有B、C、D、E四個人，按照這條漿糊邏輯，你會去干涉B、C、D、E四個人的事；反過來，他們也會操心你的事。

你深深地知道改變自己有多難，但你抱有這樣一種想法：改變別人會很容易。

於是，你在操心別人並想讓對方改變這一點上特別有動力。

漿糊邏輯二：所有關係都是我的事。

這種邏輯讓事情變得更加複雜。本來你可以有簡單的活法，可以只處理和你直接相關的關係——AB、AC、AD和AE，至於BCDE之間的關係，你可以盡量不干預。但按照這種邏輯，BCDE怎麼相處也是你的事，而你和誰怎麼相處也是每個人的事。

如果持有這條漿糊邏輯，人就沒有了隱私感，也必然會陷入口舌中，因爲你會希望所有人能看見你在所有關係中都是好的，你的好、你的冤屈，別人都該知道，都該爲你說話。

以我的親身經歷爲例，我的老家在河北，回老家的時候，我習慣於和村裡的人聊聊天。但慢慢地，我發現所有人談的都是同一件事——「我對B很好，可是B對C竟然比對我好，你說說這對嗎？」明白這一點後，我就開始迴避這類聊天了。

這種漿糊邏輯是家庭關係總是一團漿糊的關鍵所在，誰想管事誰就會被累死。而那個最想管事的人，常常正是各種衝突的根源，因爲他攪進了所有關係中，製造了大量的問題。

漿糊邏輯三：你們＝你，我們＝我。

按照這種邏輯，你家任何一個人讓我不快，你都要負責；你讓我不快，我就找你全家麻煩。例如，媳婦和婆婆起衝突，要找老公麻煩；老公和媳婦起衝突，也要告訴父母。在這種邏輯下，人總是在「告狀」，事情的複雜程度從而很容易升級。

之所以會有這種簡單思維，其實是因爲沒有分化出「我」和「你」，更沒有分化出「我」和「我們」「你」和「你們」。

我認識一位法官，他對我說，他認爲九成的人離婚都是被父母逼的。我也知道很多離婚事件，根源都是鬧事的父母沒有將小倆口的家庭視爲一個獨立的家庭，而是仍然將自己與孩子視爲「我們」，將孩子的伴侶及其父母視爲「你們」。

例如，我有一位男性個案，他在想和妻子離婚時產生了強烈的焦慮感。他告訴我，他和妻子是出生在同一個地方的人，雙方的家族在當地都很有影響力，整體上兩家關係也不錯。而且，雙方的家族非常重視傳統，如果兩人離婚，怕是會導致兩個家族反目成仇，甚至走到斷絕關係的分上。其實，這就是不能處理「我」和「你」的事，而是得先去思考雙方家族構成的「我們」和「你們」。

這條漿糊邏輯會嚴重影響核心家庭的幸福。核心家庭也叫再生家庭，是相對於原生家庭的一個概念，指我們成年後所成立的家庭，原生家庭會影響或決定核心家庭的情況。

有太多家庭，雖然兩個人結婚了，但年輕人仍然將「我」視爲原生家庭的一員，將我與原生家庭視爲「我們」，而將伴侶視爲「我們」之外的外人。例如，兩口子因爲家人吵架，即便是家人做錯了，也常會有人這樣辯護：「他們是我的家人啊！」這裡的意思就是說，他們和我構成了「我們」，我們是一體的，其他人都是「你們」。這樣的辯護，就是將伴侶推向了對立面。

不過，在這一點上有性別差異——男人更容易將母親與家人視爲自己人，而將妻子視爲外人；但在傳統文化的影響下，女人沒有可以後退的娘家，所以難以在婚後仍然和自己的原生家庭保持著「我們」的感知，直到生了孩子，她們才能與孩子構成「我們」。

漿糊邏輯四：把二元關係中的問題歸咎於對方，也就是「你」。

在這種邏輯下，最常見的一種形式就是：我過得不好，是因爲「你」。例如，太多人離婚時會說是因爲對方不夠好，沒有爲自己帶來想要的生活或者幸福。事實上，根據我的了解，這常常都是歸咎而已。很多時候，即使換一個理想中的完美伴侶，他們也感受不到幸福和滿足。

漿糊邏輯五：把二元關係中的問題歸咎於「他」。

這個邏輯很容易理解，就是A和B之間出了問題，但將其歸咎到C身上。這是爲了捍衛自己和重要客體，於是把「我」和「你」關係中的問題都歸咎給「他」這個第三者。

這種情況在三角戀中很常見。比如，我們常會看到，女性遇到丈夫出軌時，首先想到的不是攻擊丈夫，而是把怒火傾倒給介入他們關係的第三者。

漿糊邏輯六：繞彎溝通。

A對B不滿，不直接對B說，而是說給C聽，讓C告訴B。

北京大學學者吳飛在其社會學經典著作《浮生取義》中寫過多個類似的故事，其中一個故事是這樣的：一位父親想要兒子替他修房子，但他不直接對孩子說，而是在另一個人面前責怪孩子不替自己修房子。他想以這種方式，讓這個人去跟孩子說，你爸想要你幫他修房子。但兒子對父親這種行爲方式很厭煩，沒理會，結果這位父親就開始鬧自殺。

吳飛喜歡使用「道德資本」這個術語來解釋這些現象，意思是，如果這位父親主動告訴孩子，希望他幫自己修房子，那就消耗了自己的道德資本，如此一來，自己和孩子的關係中就會失去一些道德優越感。

從心理學上看，這位父親這樣做的主要原因有三個：第一，在二元關係中表達渴望或者不滿張力太大，而且個性不成熟的人通常要表達的是有些不切實際的想法和要求；第二，我直接找你談，容易產生無能感和羞恥感；第三，如果不是我直接告訴你的，我就不用為這件事負責，所以不管你是拒絕還是答應，我的情緒體驗都會弱很多。

⏳

以上是我對家庭關係中常見的漿糊邏輯做的不完全總結。實際上，除了這些，家人之間的漿糊邏輯一定還有很多。

從整體上來看，這些漿糊邏輯有這樣的作用：把事情的焦點從個體身上移開，也不聚焦在我和你的二元關係上，而是把事情編織進複雜的關係中，弄得越來越複雜，以至於真的落到「清官難斷家務事」的狀態。但是，當我們把焦點還原到二元關係上，甚至聚焦在個體身上時，就會發現，事情會變得清晰、簡單得多。

思考題

根據你的觀察，家人之間還有哪些漿糊邏輯？在面對這些情況時，你又是如何處理的？

02 社會關係中的糊塗哲學

在家庭中，人們常常會表現出漿糊邏輯；而在社會中，我們也常常看到有人持有類似的邏輯，這就是本節要講的糊塗哲學。

在黏稠的家庭關係和複雜的社會關係中，糊塗哲學似乎成了一種生存之道。但是，在講究法制和契約的當代社會，糊塗哲學會產生巨大的破壞力。關於這一點，我們先來看一類事件：摔倒在地的老人「訛詐」扶助者。

正常情況下，老人摔倒了，路過的人，特別是年輕人該怎麼辦？當然是去扶老人吧？可是，如果隨後老人說：「就是你把我撞倒的，不然你為什麼要扶我？」因而上法庭，你又該怎麼辦？你可能仍然有勇氣說：「我選擇扶，是因為社會會給我公平正義。」但是，假如判案時因為證據不足，或者部分法官出於對老人是弱者的考慮，而最終選擇讓你適當承擔一部分責任，你又要怎麼辦？

這類事件總是特別容易讓人心寒，也總是一而再再而三地發生。很多人認為，正是這些事件導致了社會道德低下，後來再有老人摔倒，不敢扶就成了一種常見的心態。其實在這類事件中，有兩個非常值得思考的問題：第一，摔倒的老人爲什麼會恩將仇報？第二，這些老人爲什麼會得逞，而且從不會受到法律懲罰？

找一個人怪罪的心理

先來看第一個問題：摔倒的老人爲什麼會恩將仇報？對此，一個流行的說法是，不是老人變壞了，而是壞人變老了，認爲這些老人年輕時就是道德素養比較差的「壞人」；還有一個常見的說法是，老人們是爲了錢。

我個人覺得，這兩個說法都缺乏說服力，因爲在不少案件中，「訛詐」扶助者的老人其實並不缺錢。此外，我記得有兩起案件，是員警救助了摔倒的老人，而且兩位老人當時都暈了過去，但他們醒來後的第一時間都是本能地抓住員警質問：「你爲什麼撞我？」在這兩起案件中，幸好都有影片證明是老人自己摔倒的。

我在關注這類事件後，最終得出了自己的結論：這些老人之所以會恩將仇報，是因爲他們的心理發展水準比較低，接受不了「我老了，控制不好自己的身體了」這個事實。所以，既然摔倒不是由「我」個人的問題導致的，那就肯定是有一種外力擊倒了我。

前面講過，沒有形成自我的人在壓力和情緒管理上的能力很差。一件事處理不好，就會認爲在這件事上的「我」被殺死了。這種感覺很糟糕，所以最好是把這種死亡焦慮排解出去，例如找一個人怪罪。

找一個人怪罪是一種非常常見的現象，不只會出現在老人摔倒這類事件中。比如，家裡的錢不見了，父母或老人往往會懷疑是孩子偷的，於是對孩子一頓打罵，可是後來才發現原來是自己把錢放在別的地方了。

又比如，醫療糾紛發生時，主流媒體和公眾輿論，也包括我自己，很容易站在病人一方去怪罪醫院和醫生，可是事情屢屢反轉。當眞相浮出水面後，輿論才會逐漸站到同情醫生的一方。

再比如，現在有些中小學已經不太敢開設體育課了，廣州一所重點小學甚至乾脆取消了課間操，改爲讓孩子們做手指操。之所以出現這種情況，部分原因是應試教育體系帶來的壓力，但還有一個顯而易見的重要原因，就是一旦孩子在學校發生意外，比如在體育課上受傷，家長就很容易大鬧一場，這最終常常會讓學校和老師付出一定的代價。我的個案中有多位中小學老師，其中有兩位就因爲這類事件付出了代價，而這讓他們害怕帶孩子做一切體育活動。

看了這麼多，你可能會想：這些人爲什麼要去鬧？爲什麼要找一個人或機構去怪罪？下面我舉個例子，來進行更細緻的解釋。

我有一位好友，每當家裡出了「意外」，例如一件衣服找不到了，或者家具的擺放發生了變化，她就會花很大的力氣在上面，必須找到一個答案，確定這些「意外」是怎麼發生的。

我在和她深聊之後發現，她心中有一個潛在的邏輯：意外都是失控，既然事情不是我做的，那必然是有一個我之外的力量做的。可是我自己一個人住，如果這些事情是小偷甚至是魔鬼做的，那這個結論就太可怕了。

實際上，每一次所謂的「意外」都不是眞的意外，而是她忘記了這些事情，例如把衣服隨手扔到了某個地方，不經意間挪動了家具等等。

我判斷，她這樣的人身邊必須得有人。這樣一來，不僅有了他人陪伴帶來的溫暖和安全感，在發生所謂的「意外」時，還可以第一時間去怪罪這個人，於是就不用擔心那種隱約的被迫害感了。這種邏輯跟了我這位好友很多年，直到最近幾年，她才有了根本性的變化，不再那麼擔心了。這是因爲她建立了很好的關係，她的自我也逐漸形成了。

糊塗哲學的產生

從以上內容可以看到，有一個人怪罪是多麼的重要。不然，這些容易鬧事的人就會停不下來，就會越鬧越厲害。這也就可以解釋第二個問題——這些老人爲什麼會得逞，而且從不會受到法律懲罰？也就是說，爲什麼會出現這種處事的糊塗哲學？根本原因在於，這些傢伙鬧起事來太執著了，乾脆讓他黏上一個人或一個機構就好了。我曾經因爲遇到類似的事而報案，到了派出所後，員警對我說：「不要覺得你特別可憐，因爲你只不過是遇到了一個這樣的人，可是我們大部分的時間都耗在這些愛鬧事的人身上。」

「這個人太難搞了，乾脆讓他纏上另一個人吧。」這種糊塗哲學其實很常見。例如，我曾經雇用過一位兼職人員，她的前夫是一個嚴重的「偏執狂」。因爲前夫出軌和嚴重家暴，他們離婚了。離婚後，前夫日子過得不順心，於是開始來鬧她，甚至騷擾、威脅她的家人。結果她的家人紛紛勸她：「妳年紀也不小了，還和他生了幾個孩子，妳再也嫁不出去了，不如跟他復合吧？」後來，她前夫終於不鬧了，一問之下才知道原來是有了新女友。

這位兼職人員的家人的做法就是不講是非對錯、不尊重事實和邏輯，而是追求差不多就行了。

我認爲，糊塗哲學有一定的合理性。一個社會中愛鬧事的人太多，而且他們鬧起來太嚴重，那不如讓他們黏上一個人或一個機構，雖然這樣不公平，但有用。

如果按這個邏輯推演下去，事情會達到非常嚴重的地步。近兩年，有幾起正當防衛的案件在當時成了社會熱門話題。在這些案件中，歹徒以狠毒的手段行兇，受害者反擊，致其重傷甚至死亡。但在事件還沒有水落石出之前，竟然第一時間都被輿論說成防衛過當。

有一個資料顯示，在中國最高人民法院裁判文書網收錄的四百多萬份刑事裁判文書中，採取正當防衛辯護策略的刑事案件有一萬兩千三百四十六起，但最終被認定爲正當防衛的只有十六起。在我看來，這種事情背後的邏輯可以說是「各打五十大板」，管你誰是攻擊者，誰是反擊者，都先懲罰一下再說。可是你想想看，我們自己做裁判時，不是同樣容易使用類似的邏輯嗎？比如，當你的家人中有人鬧得很厲害時，你會公然指出他的問題，還是會不明事理亂指責？比如，你家的兩個孩子打架，你是不是也經常說「不管你們誰對誰錯，動手就都不對」？又比如，面對很多熱門社會新聞，你是不是也經常說「一個巴掌拍不響」？

可以說，在這些事件中，都藏著共同的邏輯：我們很難只處理一個個體，所以總是把事情變得複雜，把這個個體和另一個人，甚至更多人扯到一起，就好像人不能為自己的行為負責，必須拉一個人墊背一樣。

思考題

你是如何看待怪罪別人這種心理的？如果讓你當裁判，你覺得怎樣的思考方式可以避免「各打五十大板」的糊塗判定呢？

03 讓你與人粘連的黏稠思維

前面兩節分別談了家庭和社會關係中常見的漿糊邏輯和糊塗哲學，這一節我們換個視角，看看爲什麼會出現這種現象。

要說清這一點，就必須回到每個個體的身上。其實，絕大多數人都存在一種錯誤的思維方式，我把它稱作「黏稠思維」。正是因爲這種思維方式，我們才會在處理各種關係時說不清理還亂。

人與人之間的粘連

我剛做心理諮商沒多久時，接到了一個令我印象深刻的個案。她是一個女孩，有一種完美主義傾向，說自己的腦海中常常會浮現出一個意象——一個水晶做成的公主，晶瑩剔透，沒有一點雜質。她知道這是她的自我意象。

後來，我在諮商中遇到過好多位這樣的「水晶公主」，她們看上去乾淨至極。

這是一種美，很容易打動男人，女人也容易對她們心生憐愛，然而，從另一面看，這也是有問題的。畢竟，要如此晶瑩剔透，就得剔除水晶中的所有雜質。可是那些雜質是什麼？我認爲那是「我」的各種欲望，以及容易被我們感知爲黑色的負面情緒。但是，人不可能沒有欲望和負面情緒。所以，當一個女孩覺得自己是水晶公主時，就意味著她非常壓抑，這些雜質都被壓抑到潛意識中了。

其實，不只是女性，男性也會有類似的自我意象，比如我有一次找我的精神分析師做分析時，產生了這樣一種意象：我躺在病床上，胸腹都被剖開了，旁邊站著一位穿白袍的醫生。我告訴了分析師這個意象，他解釋說：「或許你體驗到的是我對你的分析是如此無情，就像醫生在解剖你一樣。」

我感受了一下，覺得這個解釋不夠到位，因爲這種分析沒有讓我覺得痛苦，反而讓我覺得極度坦然。後來我自己分析明白了，在那個意象中，不是別人把我剖開，是我自己將自己剖開的，其中那份坦然就像在說：「請看吧，我沒有一點『花花腸子』。」花花腸子，就是我的各種欲望和負面情緒。

透明幻覺

「透明幻覺」是我提出的一個術語，是指你不用說，我就知道你怎麼了；我不用說，你就知道我怎麼了，我們之間是透明的，根本不用溝通，一眼望去就會明白彼此。

看到這裡，你可能很快就會想到戀愛中的女人常有的一種邏輯：如果你愛我，哪怕我不說，你也會知道我的心思。有這種邏輯的女性容易拒絕溝通，因爲她們覺得沒必要這麼做。

很多時候，黏稠思維產生的根源就在於一定程度的透明幻覺。我在諮商中常常遇到很多個案非常緊張，我問他們爲什麼那麼緊張，他們會說：「你是一位非常厲害的諮商師，一定能一眼就知道我在想什麼，可是我內心中有很多見不得人的祕密，怕你看出來，所以我很忐忑。」見不得人的祕密，也是雜質。

碰到這樣的個案，我會在一開始就特別說明：「我根本做不到一眼就知道你在想什麼。有時候我會產生各種感覺，然後根據這些感覺去推理你可能發生了什麼事，但這也只是推理而已。你才是解釋你自己的權威，我了解你的可靠途徑，就是你的講述。你不向我敞開自己，我就沒辦法了解你。」

透明幻覺不嚴重的個案會立即接受這種解釋，並鬆一口氣。嚴重的個案也會鬆一口氣，但同時又會對我感到失望，因爲他們很期待我能一眼看透他們。隨著諮商不斷進展，他們的這份渴望和幻覺還會被多次喚起。

這是非常重要的，諮商師需要在恰當的時機向個案解釋並澄清這一點，因爲透明幻覺是雙向的。當他們認爲諮商師具備這種能力時，就意味著他們覺得自己也有這種能力，不用溝通就知道諮商師怎麼想。

推理一下就會知道，如果一個人持有這種幻覺，他就會大幅減少和別人的溝通，進而產生無數的誤會。因爲把自己孤獨的想像當成了眞實資訊，所以他們會缺乏基本的現實檢驗能力❶。當這一點變得特別嚴重時，就意味著這很可能是精神病性的，那就不再是心理諮商所能解決的了。不過，根據我的經驗，很多看起來心理問題並不嚴重的人，都有相當程度的透明幻覺，這是可以討論、認識並處理的。

那麼，透明幻覺是怎麼產生的呢？它的原型是嬰兒對完美母愛的渴求。嬰兒不會說話，所以理想的媽媽必然是不用和嬰兒說話就能知道他們怎麼了。可是，成年人如果持有這種邏輯，就很容易陷入偏執。比如，我們常常聽到這樣的抱怨：「你怎麼會不明白我是怎麼想的呢？」「你就是這樣，我當然知道！」等，就展現了這種邏輯。

在我的認識中，**透明幻覺在社會中非常普遍。我們得有一個應對它的笨方法，那就是多溝通。**我們必須假設了解一個人是相當不容易的，而了解自己其實同樣不容易。在一段關係中，只有多溝通才能了解對方、多探索內在才能了解自己。那種瞬間就能知道彼此是什麼樣的感覺，通常都是幻覺，或者只有偶爾會發生。

透明幻覺特別嚴重的人可能根本上就是排斥溝通的，因為溝通會讓他們看到，對於同一件事，他們有一種認識，別人則會有另一種認識，而他們希望對這件事只有一種認識，也就是他們自己的認識。

例如，一位個案一直覺得，如果總是能和別人在某件事情上達成共識非常好。但突然有一天，她領悟到，總能達成共識就意味著在某件事情上，有一個人的認識被滅掉了。而如果她總期待著身邊某個人能和自己達成共識，就意味著要不是這個人，要不是她自己的認知被滅掉了。

1. 現實檢驗能力是指一個人清楚地區別主觀的心理活動與社會現實的能力。這是區分正常人和嚴重精神疾病患者的重要標準。

事與事之間的粘連

受到黏稠思維支配的人，除了常常把人和人黏在一起看，也常常把事和事黏在一起。這就可以解釋爲什麼兩人吵架可以從一件雞毛蒜皮的事開始，翻出一輩子的舊帳來，因爲所有事都是黏在一起的，當下這件小事根本沒有獨立性。

這還導致了另一個問題——伴侶記不住你的好，卻能永遠記得你的壞。不僅如此，他們還把這些壞揉成了一個整體，永遠帶著這個整體去看當下。

很多父母也有相似的黏稠思維。例如，父母常對孩子說，「我是你爸（我是你媽），難道我會害你嗎？」也就是所謂的「天下無不是的父母」。在父母和孩子的關係裡，無論父母怎麼做都不會錯，錯的永遠只能是孩子。這也是把所有問題揉成了一個整體。

員工和老闆之間也會有這樣的現象。拿我自己來說，做爲老闆，我經常聽到有員工說「我對公司盡心盡力」。後來，我眞的怕了這個說法，因爲我發現他們最初的確是這樣想的，也是這樣做的，對我和公司都非常上心，這非常好；但時間一長，這句話的另一面就展現出來了——「既然我已經盡心盡力了，我就沒有問題。」

家庭、社會和個人身上的糊塗邏輯雖然看似不同，但其實它們都起了同一個作用，那就是讓我們難以聚焦在當下的這一件事上就事論事地談話。事實上，這種邏輯是嬰兒早期共生心理的展現。但這就會引出一個問題，爲什麼有那麼多人還停留在嬰兒早期的共生心理中呢？

佛洛伊德說，如果一個人在某個發展階段得到太多滿足或遭遇嚴重匱乏，他的心理發展就會固著❷在這個階段，形成情結❸。

佛洛伊德認爲，人停留在共生心理中，是因爲在某個階段得到太多滿足或遭遇嚴重匱乏，但我認爲主要還是因爲匱乏。可以說，這種現象之所以這麼常見，根本原因就是很多人在嬰兒早期共生的需求沒有得到滿足。共生需求，雖然放到成年人身上很容易讓人覺得不對勁，但對嬰兒來說，它具備極大的價值，是嬰兒再正當不過的需求。

思考題

如果讓你來解決混沌共生中人與人纏繞的問題，你會從哪些方面入手？

你覺得在這個過程中應該注意些什麼？

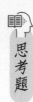

2. 固著是指一個人的心理發展停滯在某個階段，他會持續地尋求這個階段的滿足方式。比如，如果一個人特別愛吃，那他的心理發展就可能是固著在了口欲期。

3. 情結這個概念在榮格的分析心理學中具有十分重要的地位。榮格認為，個人無意識的內容主要是情結，主要指的是個人無意識中對造成意識干擾負責任的那部分無意識內容。換句話說，情結是指帶有個人無意識色彩的自發內容，通常是由心靈傷害或劇痛造成。佛洛伊德說「夢是通往潛意識的忠實道路」，榮格則表示「情結是通往無意識的忠實道路」。

第二章
讓心靈自然而然地成長

有一個我們想要的吻，
讓我們渴望一生，那是靈魂對身體的輕觸。
海水懇求珍珠，張開牠的蚌殼。
── 魯米

引論

從自閉之殼到母愛懷抱

在本章的開篇，我想向你介紹一個根本性的隱喻——孵化。請你想像一下，一顆老鷹的蛋要孵化成小鷹，該怎麼做？

我們都知道基本方法，就是為它提供孵化環境，讓小鷹的胚胎自然成長，等到發育成熟時，小鷹會在蛋內基本成形，然後從內部破殼而出。做為養育者，你不能從外部把殼破掉，因為那是具有破壞性的。

我們可以把這個隱喻延伸到心理層面。對自我沒有成形的人來說，最重要的就是孵化的環境。例如，對於嬰幼兒走路這件事，養育者不能著急，最重要的應該是為他提供必要的支援，讓他逐漸學會走路，這就是在提供孵化環境。相反地，如果養育者過分使用學步車之類的工具，讓孩子過早學會走路，就是對他自然而然的成長過程的一種破壞。

孵化還有一個重要的隱喻：當小鷹破殼而出時，意味著牠從孤獨的一元關係進入了與母親的二元關係。同樣，嬰兒出生後，最初也活在一種自閉狀態中，如果母親為他提供了良好的孵化環境，就可以幫他從自閉之殼進入母愛懷抱的二元世界。如果這個發展受阻，人就會在相當程度上停留在自閉之殼中。

那麼，怎麼樣才能安全、順利地從一元關係過渡到二元關係呢？這就是本章要為你解決的問題。

01 孵化破殼一：心靈成長必須從內向外展開

先來講講自閉這件事。自閉狀態有一個廣泛的譜系，其中最廣爲人知的是自閉症❶，患有自閉症的人完全不想跟外界社交；程度輕一點的叫亞斯伯格症候群❷，其中一個症狀是社交障礙，遇到這個問題的人比較喜歡重複、刻板的活動方式，渴望社交，但缺乏能力；程度再輕一些的有迴避型人格障礙；普通人中則有所謂的「宅」。

對於自閉症這種級別的自閉狀態，這裡就不展開討論了。我想和你探討的是普通心理意義上的自閉。也就是說，爲什麼生活裡很多人有迴避型人格障礙和「宅」的表現？

總論部分講過，瑪格麗特．馬勒將嬰兒出生後的第一個月稱爲正常自閉期，將第二到第六個月稱爲正常共生期，認爲只有在這兩個階段的自閉和共生才是正常的，此後的自閉和共生都是病態的。

我認為，**越是生命初期的命題，一般來說越重要**——雖然一直停留在混沌共生狀態是個嚴重的問題，但這還是大大好過一直停留在自閉狀態。可以說，嬰兒從自閉狀態發展到共生狀態是一個巨大的進步，這意味著他從孤獨世界初步進入了關係世界。

孵化的隱喻

馬勒描繪剛出生的嬰兒雖然肉體生命已經出生，但心理生命似乎還沒有誕生。出生不到一個月的嬰兒對外部世界彷彿不太感興趣，像是還待在一個無形的蛋殼中，等待著破殼而出。

看到「無形的蛋殼」，你可能會覺得有點難以理解。但如果把它想像成一個眞

---

1. 自閉症又稱孤獨症，核心臨床表現為社會交往障礙、交流障礙、局限的興趣及刻板與重複的行為模式。約百分之七十的孤獨症患者伴有智力低下。
2. 亞斯伯格症候群與自閉症同屬孤獨症譜系障礙，兩者的臨床核心症狀有很多相似之處。不過，相比於孤獨症，亞斯伯格症候群患者沒有言語發育障礙和智力障礙，主要表現為社會交往障礙和局限的興趣，及刻板重複的行為模式。

實的鷹蛋，你就會立即知道該如何讓小鷹順利出生。方法很簡單，就是孵化。老鷹要給鷹蛋提供良好的孵化環境，讓小鷹的胚胎在蛋殼裡不受干擾地自然發育，逐漸長成雛鷹的樣子，然後從內部把蛋殼打碎，破殼而出。在這個過程中，老鷹必須有耐心，牠不能使用蠻力幫小鷹從外部破殼，因爲那會影響發育，還很有可能會殺死小鷹，導致牠根本無法誕生。我們可以把這個孵化的過程看作是心靈成長的一種基本隱喩——這不僅是嬰兒從正常自閉期發展到正常共生期的隱喩，也是孩子以後的發展成長任務時的基本隱喩。

雖然養育者有時要教孩子、干預孩子的行爲，偶爾還要強勢一點，發揮自己的權威，但從整體上來說，按照孵化的隱喩，養育者要尊重孩子的感覺，依照自己的節奏自然成長，讓他們的一項項能力從內部破殼而出。只有等孩子的內聚性自我形成後，養育者才可以從外部破殼，因爲那時孩子就能承受和轉化一定程度的創傷了。

由此我們知道，雖然處於自閉期的嬰兒看上去似乎對外部世界不感興趣，但養育者不能掉以輕心，應該更加積極地爲他們提供好的孵化環境，給予更多的關注，輔助他們完成對外部世界的探索。否則，他們可能就沒辦法破殼而出，一直滯留在自閉狀態。

自戀與全能自戀

一個人如何才能從「宅」走向開放？一個嬰兒如何從自閉期走向共生期？這其中有共同的道理，而要來講清楚這個道理，就得先來說說自戀這件事。

我在長期的心理諮商中觀察到太宅的人，例如被診斷爲迴避型人格障礙的人，普遍都是「老好人」，或者準確地說，他們普遍都太軟弱，所以一旦進入關係就容易被欺負、處於下風，而這就會傷害自戀。他們之所以會變得宅，就是因爲宅著的時候可以保護自己的自戀。

自戀是人的根本本性，嬰兒則有原始的全能自戀。嬰兒不僅覺得「我就是媽媽，媽媽就是我」，還覺得「我就是萬物，萬物都是我」，甚至可以說，嬰兒覺得「我是神，我一發出意志，包括媽媽在內的萬物都得滿足我。」嬰兒甚至連「配合」這個概念都沒有，因爲萬物合一，所以這是自然而然的事。

爲什麼要理解自戀和全能自戀？因爲理解它們，就能更好地理解孵化的隱喻。如果是從內部破殼而出，嬰兒乃至孩子和大人就會有這種感覺：這是「我」掌握著的，做爲外部世界的「你」是在配合我。

原始母愛貫注

你可能發現了，有不少養育者容易控制，甚至是逼迫嬰兒。這其中有個人風格的原因，但還有一個特別重要的原因，就是如果要圍繞著嬰兒的意志滿足他們、建立共生關係，就意味著得知道他們有什麼需求，但嬰兒又不能講話，這怎麼知道呢？

關於這個話題，我曾經在網路上討論，問題是：「你透過什麼來判斷小嬰兒的需求？」然後，我得到了數百個非常有意思的回覆，比如：

· 我看看嬰兒的小眉毛就知道他想幹什麼了。

· 小嬰兒餓了，當媽媽的一聽到哭聲就會立刻漲奶。但我覺得更多的時候，寶寶根本不需要用哭聲表達，媽媽就會有心電感應。

· 小嬰兒只會哭，不同的需求對應的哭聲不同。一開始，新手爸媽都不理解，後來注意傾聽、觀察、總結，就能發現不同哭聲代表的需求是什麼，只要理解了、滿足了，寶寶就不哭了。

以上列舉的媽媽對孩子需求的判斷方式都是表現比較好的，但也有表現不好的。不過，我對幾百個回覆進行了分類、總結，發現它們大致可以分為以下四類：

・完全不懂嬰兒發出的信號是什麼，於是很煩躁。

・能透過經驗總結出嬰兒不同的動作、資訊，特別是哭聲代表什麼。

・透過經驗加上敏銳的直覺，可以判斷嬰兒的需求是什麼。

・與嬰兒如同心電感應一般的同步，不過這常常只發生在嬰兒很小的時候。

除此之外，還有一種比較常見的情況是，小嬰兒遇到危險被媽媽感知到了。例如，有多位媽媽講到，自己突然從睡夢中驚醒，下意識伸手拉住了差點掉下床的寶寶。還有媽媽夢見孩子被東西壓住了，驚醒，然後真的看到孩子被枕頭壓住了。

這看上去可能不夠有說服力，但我想介紹一下英國精神分析學家唐納德・威尼科特提出的一個概念——原始母愛貫注。這是指在分娩前後的一段時間內，有些媽媽會進入特別的「病態」，對孩子的感知能力變得很強，甚至不用溝通就可以知道嬰兒的需求。簡單來說，就是母親全神貫注，完全緊隨著孩子的需求。其實，養過寵物的人都知道，寵物不會說話，但你們之間是可以交流的，你越是投入，就越有可能懂得寵物的需求。

對媽媽來講，還有一個特別的投入——哺乳。例如，有多位媽媽講到她們在哺乳時，那種如心靈感應一般的連結比較強，等斷奶了，這種感覺就沒了。

可以說，媽媽滿足嬰兒的需求，並不僅僅是滿足嬰兒的生理需求，還有極爲重要的一點是，透過滿足嬰兒的需求來與其建立關係，這樣就能幫助他們從自閉的孤獨世界進入關係世界，這是使其擁有正常心智的基礎。

養育孩子是件很辛苦的事，但很多媽媽在與小嬰兒建立了美妙的連結後會非常享受，並且這也能療癒一些媽媽的孤獨感。如果能好好地感知並照顧嬰兒，就是爲他們提供了良好的孵化環境。因爲共生期一開始，嬰兒會覺得媽媽就是整個世界，所以他們會感知到好像整個世界都在張開雙臂歡迎自己的到來，這是很深刻的祝福。假若有命運，那這也是一個好命運的基礎。

思考題

你有沒有遇過媽媽強行幫孩子「破殼」的情況？請你舉個例子。

02 孵化破殼二：心靈成長從外向內展開的後果

上一節講了孵化的隱喻，強調讓孩子的各種生命力都自然發生，從內部破殼。這一節，我想講講如果從外部破殼會發生什麼。

習得性無助

有一個讓我印象非常深刻的場景，那是一個母親和嬰兒互動的影片。影片裡，一位表情僵硬的媽媽站在床邊，唸經典書籍給躺在床上的孩子聽。問題是，那個孩子只是一個才幾個月大的嬰兒，他當然聽不懂媽媽在說什麼，但是能感受到媽媽的語氣和情感，他並沒有被吸引住。所以，這個嬰兒有好幾次把頭轉過去，我覺得就是在用微弱的方式表達抗拒，可是每次媽媽都會用雙手把他的頭轉正，然後繼續唸書。幾次之後，嬰兒不反抗了，他的臉正對著媽媽的臉，接受她的灌輸。

這就是一種從外部破殼的表現，媽媽破壞了「蛋殼」。嬰兒不反抗，是因爲反抗沒有意義，而這使他形成了習得性無助。也就是說，他的抗拒被證明是沒有意義的，所以只好接受。

但是，他的眼神變得空洞，神情變得和媽媽一樣僵硬——他的邊界沒有被尊重，而且也不能用身體動作表達抗拒，所以只好用神情來表達。原本圍裹在身體外的「蛋殼」被破壞了，而他進一步退守，用自己的神情和內心重新建構了一個新的保護殼，只是，這個殼比原來的更小、更脆弱了。

強控制型的養育者的確會不斷壓縮孩子的殼，導致孩子的內在空間越來越小。特別是對嬰兒來說，他們非常虛弱，任何一個大人都可以征服他們，讓他們放棄自己的意志而接受大人的意志。

我開設的「武志紅的心理學課」中有一節叫「輸在起跑線上」，裡面提到了家庭和幼稚園在養育孩子時容易對孩子有各種逼迫行為，而且研究發現，如果被逼迫得少，孩子就會更外向；如果被逼迫得多，孩子就會變得更內向。嚴重的話，這種內向就可以被視為自閉的一種表現。

滿足共生需求

我有一位問題相當嚴重的個案，她有一種強烈的意象——感覺自己平時就像縮在一個火柴盒裡，相對應的是，她有一個很強硬的媽媽。我見過她的媽媽，覺得以她媽媽的風格，不太可能爲孩子提供良好的孵化環境，很容易從外部打破女兒的「蛋殼」。

不過，這位媽媽從來不會打罵孩子，只是總在感知孩子的需求時，出現問題和偏差。所以在照顧孩子時，她通常做不到憑著孩子的感覺去滿足孩子，而是必然會把自己的理解加在孩子身上。

當然，如果總是不能滿足孩子的需求，媽媽也會感到非常無助、焦慮和失控。比如，我曾經有一位新手媽媽個案，她之所以來找我諮商，就是因爲她眞的傷害過自己的孩子。當孩子哭泣時，她做了各種嘗試去滿足孩子，卻發現都沒有效果，孩子反而哭得越來越慘。在這種情況下，她非常痛苦，失控之下攻擊了孩子。

後來孩子才九個月大就能開口講話，而且表達能力非常好。這位媽媽忍不住想，可能孩子也怕了，覺得如果再不講話，眞的會被媽媽傷害。不過，在孩子能用語言清晰地表達自己的需求後，這位媽媽就沒那麼焦慮了，因爲她知道孩子想要什麼，而她非常願意滿足孩子，從這一點可以看出她有多麼想做一個好媽媽。

這樣的媽媽之所以難以理解孩子，可能是因爲她們自己也沒有與媽媽建立過共生關係。這可能是家族輪迴問題，例如，她們的媽媽也沒從外婆那裡獲得良好的照顧；這也可能是歷史遺留問題，例如，以前產假最短時只有四十幾天，如果沒有老人帶孩子，她們要不把孩子丟在家裡，要不把孩子放到托兒所，從而導致了母嬰分離。

在我的老家河北農村，過去大家養育孩子的一種流行模式，就是白天大人去田裡工作，把小嬰兒孤獨地留在家裡，然後有一天回家突然發現，孩子竟然會走路了。大人很開心地大喊：「啊，我們家孩子會走路了！」但對嬰兒來講，這其實是非常恐怖的養育環境。嬰兒缺乏基本能力，吃喝拉撒睡玩都不能自理，可以說孤獨對他們來說就等於地獄。**如果大多數時候是靠自己完成各種活動的，那他們在很大程度上也失去了和養育者建立共生關係的動力。**

英國精神分析學家威尼科特說過，孩子的基本生理需求，即吃喝拉撒，都不要被嚴格訓練，就讓他們自然而然地掌握就好；任何嚴苛的訓練，都可以被視爲對孩子的虐待。例如，對嬰兒來講，吃是第一順位的需求，如果母親按照嬰兒的需求去哺乳，就是在滿足嬰兒的共生需求；如果母親忽視嬰兒的需求，按照自己的節奏去哺乳，就是在破壞孩子的保護層。

想知道自己在嬰兒時期是怎麼被餵養的其實並不容易，但你可以從小時候父母在吃飯這件事上對你的態度中看出一些端倪。例如，一位網友在我的微博下留言：「我在家不能決定自己吃什麼和吃多少，一頓也不能在外面吃，必須忍著吃我媽做的難吃至極的菜。我說了不喜歡吃某道菜，請她別煮了，她也不聽。我不吃魚頭，她非逼我吃。每頓飯都在吃之前就幫我夾滿菜，我吃得差不多了再繼續夾滿，我不能自己邊吃邊夾，吃飯對我來說變成了酷刑。」

這樣的故事相當普遍，我有一位個案甚至在描述完自己是怎麼吃飯的之後，突然痛哭流涕地說：「我每次吃飯都是一場戰爭，只能偷偷地在一些不起眼的地方表達我的抵抗，看得見的地方我都輸了。我在家吃了二十年飯，這意味著我遭遇過兩萬次酷刑。」說這是酷刑並非誇張的形容，而是真實的體驗，這還可能會導致與消化系統有關的一系列身心疾病。

軀體化

精神分析業內常有人說，軀體化應該是最常見的自我防禦機制。而所謂軀體化，就是指如果某種情緒不能在心理層面流動，也不能透過言語表達出來，就有可能會透過各種身體症狀來表達。

例如，在吃這件事上，如果孩子一直被逼迫，他就會產生憤怒、羞恥等一系列情緒體驗。如果這些情緒不能在關係中表達出來，就會轉變成消化系統疾病，如腸胃問題。

那麼，軀體化的過程到底是怎麼發生的呢？想要了解這個，還是要回到孵化的隱喻：在吃這件事上，如果父母尊重孩子，就是在孵化孩子吃的這個行爲，讓他可以從幼稚、混亂走向成熟、有序；如果父母用強力手段逼迫孩子接受大人的安排，就是在從外部破壞孩子的「蛋殼」。

除了孵化的隱喻，還有更直接的解釋：在吃這件事上逼迫孩子，就相當於在對孩子「下毒」。比如，孩子會因此產生負面情緒，會感到憤怒和恨意，還會產生被打擊的羞恥感。逼迫的程度越強，「毒性」就越大，負面情緒也就越強。所以，養育者要問自己一句話：「我能看見孩子吃的需求嗎？特別是在如何吃的事情上，我能尊重他的感受嗎？」當然，吃主要發生在消化系統上，但如果養育者在其他方面逼迫孩子，那孩子也會在相應的身體系統上出現問題。同樣的道理也適用於成年人。例如，你可以問問自己：在吃這件事上，我能自如地發出我的動力嗎？餓了的話，我能坦然地去找吃的嗎？在吃多少、如何吃上，我能尊重自己的感覺嗎？

不只是吃飯，所有事都一樣。**只有當人能按照自己的感覺和需求做事時，他在這件事上的意志才得以存在；當人不能按照自己的感覺和需求做事時，他在這件事上的意志就被摧毀了。**很多孩子和大人都很難發出自己的動力，因爲他們的動力在童年早期就已經被殺死太多了，以致於被困在習得性無助中，覺得發出這些動力沒有意義，而這意味著這些動力還沒出生就死了。

思考題

回想一下，你在處理哪些事情時容易出現習得性無助的問題？

03 自我保護：在媽媽適當的保護殼下成長

前面兩節講了孵化的隱喻，以及生命力最好是從內部破殼而出，不要從外部強行干預，這是從養育者的角度來看的，這一節就從嬰兒的角度去看一下，與孵化隱喻相對應的蛋殼隱喻。

母愛與父愛的殼

這裡的蛋殼是自我保護的意思，而自我保護這個概念非常重要。當你看到一份美好的感覺在流動時，你也要看到，它的外部總是有一個外殼存在，而這份美好的感覺只有在由這個外殼構成的容器內才能自由流動。

我們繼續來想像那顆鷹蛋。鷹蛋有兩層殼，裡面是一層軟殼，外面是一層硬殼。這也是一個基本的隱喻。

前面講過，自閉之殼由嬰兒的自戀組成，所以也可以被稱為自戀之殼。從心理發展上來說，這是最小的一層殼，而這層殼被破掉後，嬰兒就進入了母愛懷抱。它是一個容器，也是一層更大的殼。這時，孩子的生命力就有了更大的流動空間。

我們可以將母愛懷抱想像成鷹蛋裡的那層軟殼，而母親之所以能專注地呵護孩子，是因爲父親扮演著鷹蛋外的那層硬殼。母愛的軟殼可以被稱爲「呵護層」，父愛的硬殼則可以被稱爲「保護層」。這兩層必須同時存在，只有這樣孩子才能得到好的照顧。如果父愛的硬殼不存在，母愛的軟殼就不能安穩。這時，母親會試著同時承擔保護層和呵護層的雙重功能，難度就大了很多。同樣，如果母愛的軟殼不存在，父親也要同時承擔這兩種功能，也會難很多。

我在微博上談母嬰關係時，常常會引起一些女性的攻擊。她們認爲我太過強調母親對嬰兒乃至孩子的重要性了，卻忽視了父親的價值，要知道很多家庭對孩子的養育方式經常是「喪偶式育兒」的。她們的憤怒可以理解，全世界有問題的家庭也的確都有一個共同的模式：焦慮的母親、缺席的父親和有問題的孩子。而當父親缺席時，母親要同時承擔硬殼和軟殼的雙重功能，自然就會變得焦慮很多。

不過，雖然我一直強調母親對嬰兒的重要性，但我也見過父親能和嬰兒建立起非常好的共生關係的例子。例如我的一位女性朋友，她在談戀愛時就發現自己的另一半極其感性，像有讀心術一般，常常不用說話就知道她怎麼了。有了孩子後，丈夫的這份感知能力也發展到了和孩子的關係中。正好她是一個偏理性的媽媽，難以和人親近，也難以和孩子建立太親密的關係，再加上她工作比較忙，丈夫工作相對輕鬆一點，帶孩子的任務就落在丈夫身上。

雖然父親也能承擔起養育孩子的責任，但嬰兒六個月前與媽媽建立的母嬰共同體是至關重要的，這是孩子在胎兒時與媽媽共生關係的延伸，是他人難以替代的。當然，這並不是我個人的觀點，客體關係心理學的理論建構者，如瑪格麗特·馬勒和梅蘭妮·克萊因等人，透過對嬰幼兒的大量觀察研究得出了結論：**三歲前，孩子的注意力主要在母親身上，母子關係是核心，父親對孩子來講沒有那麼重要。**

父親與社會熔爐

當然，父親也是極其重要的，他們的重要性在於給妻子和整個家庭提供保護和支援。父親要做好硬殼這個保護層，好讓妻子安心做軟殼這個呵護層，讓孩子完成從自閉之殼到母愛懷抱的關鍵過渡期。隨著孩子不斷成長，他還要突破母愛懷抱的殼，進入由父親和母親共同建構的家庭港灣。

父親之所以能守護好家庭港灣，也是因爲他所在的家族和文化構成的社會熔爐鼓勵他做好妻兒的保護者。如果社會熔爐不鼓勵他這麼做，事情就會變得有些麻煩。例如，當婆婆入侵家庭港灣時，小家庭中的父親還能發揮好家庭保護者的作用嗎？

社會熔爐是家庭以外的一個社會的共同空間，它需要有基本公平合理的規則，我稱之爲「神聖第三方規則」。這個規則雖然有點高高在上，但基本上是公平合理的；它尊重關係中所有人的存在，也約束關係中的所有人。如果能做到這些，社會熔爐就成了一個更大的保護層。在這個保護層下，父親不必把時間、精力都放在積攢權力和生存資本上，而是可以更多地放在家庭中，於是就可以更好地發揮家庭保護層的作用。

例如，在我的老家河北農村，過去春節期間，男人們通常整天都在喝酒。實際上，喝酒對他們而言是一種「苦刑」，大多數人並不享受。但爲什麼要這麼做？是爲了建構和維護社會關係網。只有這樣，他們才能有更多力量去保護家庭。同時，因爲社會文化更重視男人的原生家庭和家族，而不鼓勵重視小家庭，所以男人們甚至還要有意遠離妻兒，以便在社會熔爐中獲得更多認可乃至力量。

但是這幾年，我發現我的老家發生了劇變。例如，過去大年初一早上，男人們都要去給各個長輩磕頭拜禮，但現在，這個延續了不知多少年的習俗竟然消失了，男人們的酒場也少了很多，他們有更多時間去守著妻兒、父母等核心家人。對於這個變化，我的理解是，社會規則越來越清晰、公平，機會越來越多，整個社會熔爐成了一個更好的保護層。於是，男人們得到了解放，不用在建構關係網上花費太多精力。

「社會熔爐」是個有點廣泛的概念，其實還包括國家層面的力量。國家越來越富強，軍隊越來越強大，都使社會熔爐這個保護層的品質變得更好，讓人們可以更加安心地守護自己的小家庭。

在社會熔爐之外，還有無限世界。我們不僅要做國家的公民，還要有全球視野，做一個世界公民。同樣，如果這個無限世界的規則公平、資源和機會良好，社會熔爐這一層面的保護層也可以更好。但這兩年，整個世界出現了很多動盪，這也會使國家和地區層面的社會熔爐變得不夠結實，然後一層層地影響下去，最終影響到個人。

思考題

請想一下，在你生活的地方，有哪些民俗習慣展現了人們在爭取社會熔爐的保護？

04 層級腦補：沒人充當保護殼時的模擬滿足

在社會熔爐中，有社會文化的軟體和社會構成的硬體來保護我們；在家庭港灣中，有父母保護我們；在母愛懷抱中，有母親保護我們。可是，在最原始的自閉之殼中，是什麼在保護我們？其實是一個極爲重要的東西，那就是我們的頭腦。

頭腦有一個很重要的功能，就是任何在眞實的關係世界中需要，卻沒有實現的欲求，都可以透過頭腦的思考和想像來「模擬滿足」，這可以被稱爲「腦補」。

腦補奧妙無窮，下面我就來看看它是怎麼發生的，以及有什麼用處。

腦補過頭的問題

關於「腦補」這個概念，通俗的說法我們都懂。例如，你想和某個理想的異性談戀愛，但在現實中看起來不太可能，那你就可以來想像一下。仔細想想就會發現，生活中的腦補無處不在。它是一種重要的想像，可以塡補我們在現實中無法達成的欲求。但我想告訴你，腦補過頭會帶來很多問題。

例如，我的一位個案是一位女士，她每天都要熬夜到凌晨三、四點才睡覺，而這爲她的身體和精神帶來了很大的損耗。她很想改變這一點，也多次嘗試在正常的時間睡覺。這當然會給她帶來好處，可是就是沒辦法堅持，別說堅持了，甚至向來都只能嘗試一個晚上，第二天就不能繼續了。她發現在做這種嘗試時，會陷入一種難以言喻的焦慮中。

我和她深入探討了這份焦慮，後來我們逐漸找到了答案：她太孤獨了，沒有任何可以信賴的人，唯一信賴的就是自己的頭腦。但是要睡覺時，人必須放鬆，讓自己的思維適當地停下來。可是對她來說，唯一可以信賴的頭腦怎麼能停下來？再複雜一點的解釋是，她不僅成年時沒有人可以信賴，嬰幼兒時也沒有和媽媽等養育者建立起基本的關係，於是沒有實現從自閉之殼到母愛懷抱的過渡。

可以想像一下，一個幼小的孩子，特別是一個嬰兒，怎麼才能安睡？他旁邊最好有一個保護者，他信賴這個人，於是可以放下警惕安睡。這是因爲這個保護者替他提供了一個保護殼。

如果沒有眞實的養育者充當保護殼，處在自閉之殼中的孩子可以腦補一個保護殼。一般來說，這包括兩個部分：一部分是想像出一個保護者；另一部分是用頭腦不斷地思考、分析、解釋所遇到的事情，由此製造一種安全感——我掌握了這件事。不過，這只是在符號系統層面的了解，不是眞實的掌握。例如這位個案，她在熬夜時發現，自己的頭腦會不間斷地對白天發生的各種事進行分析和詮釋，還會幻想出一些不可能的關係來安慰自己。

所以，我想告訴你，如果頭腦是你最可靠，甚至是唯一的保護殼，麻煩就來了。你很難放下它，但如果放不下，就難以入睡。即便睡著了，頭腦也會不間斷地思考和想像，導致你無法進入深度睡眠。醒來後，會覺得睡眠好像沒起到休息的作用，你仍然很累。相反，那些能迅速入睡的人，醒來後會覺得神清氣爽，睡眠讓他們獲得了很好的休息。因爲孤獨，也因爲頭腦的確很好用，所以人必然會啓動腦補。從腦補到眞實，不同的人處於不同的層面，而這幾個層面分別是妄想、幻想、想像、情感和靈魂。

第一，妄想。

妄想是直接把內在想像當成外部現實來對待。

比如鍾情妄想，就是指我覺得你愛我，就等於你愛我，不需要得到你的佐證。

比如全能妄想，西方精神病院裡常見的那些認爲自己是「耶穌」的患者就是典型代表。

再比如被迫害妄想。之前有一位女士帶著她的男性家人來找我做心理諮商。諮商過程中，這位男士告訴我，有一次他看到自己放在冰箱裡的一瓶水瓶蓋被打開過，水也少了。雖然這是一件稀鬆平常的事，但他講的時候有一種很警惕的感覺，讓我覺得他可能患有被害妄想的精神分裂症。後來我問他的家人，家人說這位男士的確已經被診斷爲偏執型精神分裂症，而且醫生說即使病好了，他的狀態也不會很好，這讓家人很絕望。所以，他們抱著一點希望來找我做心理諮商，還特意向我隱瞞了醫院的診斷。這位男士的被迫妄想的確很嚴重，他認定那瓶水被人動過，而且被下了毒。但我是一個陌生的心理諮商師，是他不信任的人，或者說他不信任任何人，所以在說明情況時，他並沒有明確地告訴我他認爲水裡被下了毒。

這種精神病性的妄想在普通人中並不常見，但普通人身上可能會出現一些羽量級的妄想。例如，有人會持有這種邏輯：我缺愛，就該有人給我完美的愛，你不給我，我就恨你。由於持有這種邏輯，任何不完美的關係，或者說所有關係都被破壞了。「我缺愛，就該有人給我完美的愛」，這種邏輯本身就不可能成立，現實中沒有人能做到，如果把它延伸到所有關係中，就有了妄想的味道。

第二，幻想。

處於這個層級的人，知道幻想是幻想，現實是現實。例如，某個偶像的超級粉絲可能會幻想與偶像生活在一起，即便知道這不現實，也會沉溺其中不能自拔，因爲他很難融入現實世界，於是只好拿這種不可能的幻想來安慰自己。我們常說的白日夢，就是典型的幻想。

那麼，妄想和幻想有什麼區別呢？妄想的特點是很容易把事情層級拉高到神、佛、魔、開悟、通靈等非人類的程度；雖然幻想也被拉高到了極致，帶有強烈的理想化色彩，但它還停留在人類的層面。徐志摩有一句話很打動人：「我將在茫茫人海中尋訪我唯一之靈魂伴侶，得之，我幸；不得，我命。」這句話就充滿幻想的意味。

第三，想像。

處於這個層級的人，能清晰地區分想像與現實，而且發展出非常有現實感的想像和認知，甚至好像能洞見人性的一切奧祕。這類人基本上能適應現實，但其實沒有融入現實，在與別人相處時總是若即若離，難以深入，而他們的想像和認知仍然主要是頭腦構建的結果。

因爲有非常好的認知能力，所以這類人容易出現一個問題——本人和旁觀者都可能覺得自己似乎掌握了眞理，但這不是眞的。例如，有一部電影叫《愛在心裡口難開》，曾經被提名奧斯卡最佳影片獎，影片中的男主角寫了幾十本暢銷愛情小說，卻根本沒辦法談戀愛。

現實中很多人都覺得自己的頭腦厲害無比，像掌握了宇宙眞理一樣，但又特別難以和人相處，其實他們都可能處在想像這個層級。

我認爲，處於妄想、幻想、想像這三個層級的人都缺乏深度關係。可以說，這些人都沒有好好完成從自閉之殼到母愛懷抱這一個最基本的過渡，因此缺乏活在現實中的能力，進而使腦補成爲他們最重要的東西。

第四，情感。

處於這個層級的人會發現情感，也就是關係的互動其實非常迷人，於是不太容易迷戀自己的頭腦。

處於前三個層級的人會懼怕溝通，總是想像對方如何如何，而且不太容易接受對方表達的資訊。但處於情感這一層級的人能妥善地共情他人，他們的外部世界和內部世界都住進了愛的人。對他們來說，當然還是會腦補，但不再是主要的事情了。

如果你自然而然地處在這一層級，意味著你在生命最初的階段就實現了從自閉之殼進入母愛懷抱的這一重要發展。這裡的「母愛懷抱」，可能是母親提供的，也可能是其他重要的養育者提供的。發展到這一層級的人可能會對母親有各種怨言，但無論如何，都應該對母親心存感激，因為正是她提供的懷抱，把你從孤獨的自閉狀態拉進了關係世界。

第五，靈魂。

一切是一切的隱喻，一切也是一切的幻覺。頭腦是情感的幻覺，情感是靈性的幻覺。當情感充分展開，進入酣暢淋漓的愛恨情仇中，你會感覺到這背後還有一個靈魂存在，一切外在現實不過是為了淬煉靈魂而存在。就像稻盛和夫在《生存之道：對人而言最重要的事》一書中說的：「我們人生的意義是什麼？人生的目的在哪裡？……我的答案是：提升心性，磨煉靈魂。」

關係的深度是根本

從腦補到真實的發展，最根本的是關係的深度，但它經常要假借一個很基本的東西來實現，那就是需求被滿足。

我們要看到這兩者是同時存在的。例如，當母親在幫孩子哺乳時，孩子和母親的身體連在一起，增強了母子之間的敏感度，讓母子共生變得更容易。當母親能照顧好嬰幼兒的吃喝拉撒睡玩時，她不僅滿足了孩子的需求，更建構了自己與孩子的深度關係，讓孩子從孤獨的自閉之殼進入了母愛懷抱的關係世界。

對於腦補特別嚴重的人，包括自己，我們要給予寬容，因爲當現實太糟糕時，人是不容易放棄腦補的。同時，我們也可以得到一個結論：本來就很孤獨的人，不要輕易去追求似乎與世俗生活有仇的純粹的靈魂，因爲那很可能只是腦補的東西，看起來高大上，實際上卻是一份致命的孤獨。相反，**孤獨的人需要去追求對自己基本需求的滿足，然後在這種追求中與各種各樣的人建立關係，從而把自己從孤獨的狀態中拉出來。**

思考題

在你的腦補活動中，你最常遇到的是哪一個層級的腦補？能舉個例子嗎？

05 動力誕生：學會直接表達自己的生命訴求

六個月前的嬰兒期發展成功的標誌是動力的誕生。而所謂動力，就是一個人做爲一個生命體發出的一切。

從理論上來說，動力包括三個部分：自戀、攻擊性和性。換個角度來說，動力也可以被劃分爲三類：第一類是身體的欲求，也就是欲望和需求；第二類是頭腦的聲音，也就是你想表達的觀點；第三類是情緒和情感。

把動力的誕生視爲六個月前嬰兒發展成功的標誌，意思是如果養育得好，處在正常自閉期和共生期的嬰兒就可以坦然發出自己的各種動力；如果養育得不好，他們在發出動力方面就會有困難，甚至根本無法發出。

在嬰兒期，無論是需求完全得不到滿足，還是全部被滿足，動力的發出都會失敗。只有需求得到基本滿足，動力的發出才會成功。這種情況會一直延續到我們成年以後。

絕對禁止：需求基本得不到滿足

有一次，一位女性個案跟我講了一個夢，這是她多次做過的一個夢。在一個巨大的房間裡，她躲在地毯下，用地毯將自己緊緊裹住。一隻蒼蠅站在她身上，牠像航空母艦一樣大，而且是純黑的，散發著金屬光澤。她被嚇得一動也不敢動，覺得只要一動，蒼蠅就會咬掉她的頭。

我認為，這個夢很像是她嬰兒時體驗的直觀表達。夢裡有超大的房子，有像航空母艦一樣大的蒼蠅，可是自己卻並不巨大。這很像嬰兒的感知，因為嬰兒還沒有形成基本的時空感，他們會根據自己的感覺放大或縮小空間的體積。

當我把這種解釋告訴她時，她說：「是啊是啊，應該是這樣。」我問她為什麼會這麼確定，她說因為夢裡的房間外面有外婆說話的聲音，而外婆只在她一歲前照顧過她，之後外婆就不在她家了。

嬰兒活在全能自戀中，覺得自己是神，一旦發出動力，全世界就該立即配合、滿足自己。可是事實上，嬰兒是非常脆弱的，如果養育者不配合，他們就會立即體驗到無助，也就是說，嬰兒認為自己是神，覺得自己發出了一份動力，世界就該配合自己，當沒得到配合時，他們就會立刻暴怒，恨不得摧毀整個世界，但這會嚇到他們，於是必須把這份毀滅欲投射出去。例如，這時外界有個東西想「摧毀」他，而他就會被嚇得一動都不敢動。

我覺得可以這樣想像：這位個案在嬰兒時期，有很多事讓她感到無助。當沒有大人與她共生時，她無法搞定吃喝拉撒睡玩的活動，外界又有事物侵擾她，而這種事物很可能就是一隻蒼蠅。做為一個嬰兒，她對這些無能為力，最終種種可怕的感覺就集中投射到蒼蠅這個活物上，就好像蒼蠅是個巨大無比的惡魔，所有無助感都是由牠的攻擊導致的。

我提出過一個詞，叫「絕對禁止性超我」。佛洛伊德提出了著名的人格結構理論，將人格結構分成本我、超我和自我，而我分別給它們加上了一個形容詞，也就是全能自戀性的本我、絕對禁止性的超我和軟塌塌的自我，用來認識社會的人格。

那麼，什麼是絕對禁止性超我呢？本我想為所欲為，而全能自戀性的本我追求澈底的為所欲為。當這影響到別人時，就構成了對他們的絕對禁止性超我。也就是說，你的任何自發性都是錯的，在絕對禁止性超我的影響下，你會覺得向左不對，向右也不對，站在原地也不對，你的意志像是從你的心靈世界被移除了，只有聽話才是對的。我要你動你才動，我要你怎麼動你就怎麼動。

發出「絕對禁止」資訊的人本質上是個小嬰兒，還希望世界完全按照自己的意志運轉。而被「絕對禁止」控制的人就是一個失敗的嬰兒，沒辦法正常地發出動力。我在心理諮商中碰到過多個這樣的個案，他們覺得自己怎麼做都不對，同時看別人也是怎麼都不順眼，好像這輩子沒有過一次滿意的時候。

絕對允許：需求全部得到滿足

絕對禁止的對立面是絕對允許。例如，有一個女孩一直活在絕對禁止的感覺裡，有一次她聽到了一句話——「生命的一切都是好的，都是被允許的。」這句話爲她帶來了巨大的鼓舞，從此之後她開始釋放自己。只是，最初追求釋放的時候，她就從絕對禁止變成了渴望絕對允許。也就是說，她期待別人接受她的一切動力，她不接受任何束縛、否定，更別說攻擊了。但是，在成年人的世界裡，這是不可能的。

渴望絕對允許，也是因爲自我完全沒有建立起來，所以將「我」等同於「我」發出的每一份動力。如果一個具體的動力被否定了，他們體驗到的不是一個動力的失去，而是「我」被殺死了。這時，他們就容易爆發出嚴重的鬥志。

絕對禁止是極度糟糕的，如果孩子活在這種感覺中，他的生命力必然會變得很虛弱。但是，絕對允許也是不可能的，即便在嬰兒時期，也是不可能的。實際上，人之所以追求絕對允許，就是因爲沒有體驗過基本滿足。

基本滿足：基本需求得到滿足

有一位個案讓我印象非常深刻。他強烈地追求完美，希望在自己所在的圈子裡，自己在每一方面都是最卓越的。這種期待自然會被嚴重打擊，所以他很容易產生嚴重的抑鬱，也就是說，渴望絕對允許被打擊後，他降落到了絕對禁止的地步。

他追求完美的動力非常強，我一開始沒有否定、打擊他這一點，反而是鼓勵他去追求一些可能的完美，甚至還和他一起討論怎麼實現一些目標。

令我印象極爲深刻的是，在他花了幾個月的時間在一件大事上做到他心目中的完美後，他突然覺得自己可以放鬆了。後來，在另外幾件大事上，也實現了自己心目中的完美。然後突然一天，他領悟到：凡事不用追求完美，追求完美都是在渴求別人的掌聲，事情做到六十分就可以了。他的家人、朋友和同事也感受到了他的巨大變化——以前他追求完美時，身邊的人感覺自己就像被他綁架了一樣，必須給他掌聲，以滿足他的自戀。但當他不再苛求完美時，相處起來變得放鬆了很多，而且能感覺到他也能看見別人了。

事實上，完美只可能偶爾實現，渴望一直完美就是孤獨頭腦的腦補，而一旦在關係中獲得了基本滿足，你就會發現，這比完美好太多了。

至於絕對禁止和絕對允許，如果非要進行對比，那還是絕對允許更好一些，因爲這意味著你還是能把自己的動力表達出來。雖然一開始容易過頭，但現實總會教育你，讓你不斷修正自己絕對化的渴求。相反，如果一直活在絕對禁止中，那就一點發出動力的機會都沒有了。

動力的誕生是一切的開始。實現了這一點的人能夠比較直接地表達自己的各種生命訴求，他們整體上會呈現出主動、積極的態勢。

發展得比較好的人，既能表達自己的動力，能在追求動力的實現上付出不屈不撓的努力，也能在發現追求的成本太高或者追求根本不可能實現時選擇放棄；發展得不夠好的人，則容易過度執著，一旦表達了動力，不管能否實現，也不管是否會對別人造成嚴重的傷害，他們都希望這必須實現，不能接受自己發出的動力會「死去」。

這兩種人的差異是，前者不僅實現了動力的誕生，也實現了自我的誕生，而後者只實現了動力的誕生。

感覺的誕生

在動力誕生的過程中，還有一件事會發生，那就是感覺的誕生。嬰兒和任何事物建立關係都會有自己的感覺。如果母親等養育者太喜歡控制嬰兒，並把自己的意志強加在嬰兒身上，嬰兒就可能會失去自己的感覺，這時孵化就不存在了。例如睡覺，嬰兒會有自己的節奏，如果對他進行嚴苛地訓練，雖然通常會發揮效果，但代價很可能是嬰兒不斷放下自己的動力。要知道，雖然經受過訓練的嬰孩可能會早早變得安靜、不惹事，但這樣的孩子遠不如一個充滿能量、宛如發電機的嬰孩健康。

我希望你能記住威尼科特的說法：**如果在生理問題方面對嬰幼兒進行嚴苛的訓練，那就是對他們的虐待**。做為成年人，如果你發現自己是一個被動、封閉的人，也可以問問自己：我是不是嚴重失去動力了？如果答案是確定的，那你也該好好養育自己內在的嬰兒，讓自己再次充分發出自己的生命動力。

思考題

在絕對禁止、絕對允許、基本允許中，你認為你的動力屬於哪種情況？為什麼？

第三章
依賴媽媽，也要反抗媽媽

我到得了那裡嗎？
那個鹿只撲向猛獅的地方。
我到得了那裡嗎？
那個追尋者在追尋我的地方。
—— 魯米

引論

當溫暖的母愛懷抱，變成禁錮你的母親包圍圈

上一章講了從自閉之殼到母愛懷抱的過程，這是心理發展上的一個里程碑。而本章我要告訴你，這雖然是一種發展，但一定不能停留在這裡，否則溫暖的母愛懷抱就會變成令人窒息的包圍圈。

我會在本章談談六個月到二十四個月大的嬰幼兒的心理發展過程。這個過程主要是控制與被控制、獨立與依賴的矛盾。對孩子來說，如果發展順利，他們就會初步發展出意志。對成年人來說，我們需要審視自己在這些方面的發展是否足夠充分。

精神分析中常常會出現一些讓人感到驚悚的詞彙，例如「伊底帕斯情結」，這說的是戀母弒父、戀父仇母；又例如「心理弒母」和「心理弒父」，這說的是孩子的人格要走向獨立，需要在心理上完成對母親意志的「弒殺」，接著完成對父親意志的「弒殺」。

不過我認為，說這些詞彙並不是有意要駭人聽聞，而是只有這樣講才能表

達精神分析理論的深意——只有使用「弒」這樣的詞，才能反映親子關係中也有殘酷的一面。例如，如果父母在控制孩子上太用心，他們就是在殺死孩子的意志，也就是殺死孩子的精神生命；相反，孩子對父母也有這種動力。

那麼，一個人是怎麼在心理上擺脫父母的控制，初步形成自己意志的呢？在本章你就能找到答案。

⌛

從整本書的結構來看，本章到第五章都是在講突破母愛懷抱，這也是自我誕生的第二階段。從「蛋——雞——鷹」的形象化模型來說，這是小雞逐漸進化成小鷹的階段。根據馬勒的理論，這一階段涉及的是分離與個體化期的前三個亞階段，也就是分化與軀體意象期、實踐期、和解期。

我們還可以這樣理解：第二章講述的階段是孩子的心理生命誕生了，但這個生命還非常脆弱，需要在一個溫暖的母愛懷抱中鍛煉，這時就產生了一個基本矛盾——既要依賴母愛懷抱，又要演練和母親的各種對抗。如果這份依賴被允許，孩子對關係的信任就產生了；如果這種對抗被允許，孩子的力量就被初步允許了。

接下來，就讓我們開始本章的學習。

01 反抗媽媽：突破母親包圍圈

我提出過一個詞，叫「母親包圍圈」。顧名思義，這是說一個人幾乎被母親的意志和存在包圍了。第二章講過，一個人從自閉之殼發展到能進入母愛懷抱是一個非常重要的里程碑，但是，你不能停在這裡。母愛懷抱很好，但如果停在這裡，就意味著陷入了母親包圍圈。

與媽媽的抗爭

我有一位個案是個經典的中國古典美女，看上去弱不禁風的樣子，頗有林黛玉的風格。在中國，這樣的女孩子很受男人喜歡，所以追她的男人不少。然而，她對事業沒有規畫，也沒有考慮過未來想要哪一種家庭生活，像是做一天和尚撞一天鐘般活著。雖然非常受男性歡迎，可是她卻對建構自己的家庭缺乏信心，一旦有其他女性和她搶男人，她就會自動後退。

我和她討論這個問題時，一開始，她覺得自己戰勝不了競爭對手，再談下去，她說出了一種更重要、更強烈的感受——她覺得所有男人和媽媽的關係都太緊密了，她根本擠不進去。更進一步談下去，我才發現，眞正的問題是她有一種根深蒂固的感覺，覺得永遠都鬥不過自己的媽媽。長期以來，但凡和媽媽出現爭執，她永遠都是輸的那一個。

她第一次和媽媽抗爭成功，是在大學的時候。那時她們剛搬進新家，她臥室中的床該怎麼擺這件小事上，和媽媽出現了分歧。一直以來，她都很聽媽媽的話，可是那一次，她忽然任性起來，一點都不想讓步，而媽媽也一樣。圍繞著床該怎麼擺，母女倆爭了半天，最後她大哭了起來，即便這樣，媽媽也堅持要按照自己的想法來。

正巧，這時媽媽的一位好友來了，看到她們爭成這樣覺得很驚訝。這位好友對她媽媽說：「女兒都這麼大了，妳怎麼還管這麼多？這是她的房間，她愛怎麼擺就怎麼擺吧。」然後，媽媽聽了好友的勸，尊重她的意見。

在這位個案的記憶中，那是她這輩子第一次成功贏過媽媽的意志，即使這個過程中有別人的幫助。

媽媽對她有強烈的控制欲，而且這份控制欲無處不在。她想做一件事，意味著她升起了一份動力，這份動力可以被視爲一個獨立的生命，而媽媽在這件事上特別想干涉她，並且成功以後就意味著她的那份動力被滅掉了，媽媽的意志占據了她的身心。那份被滅掉的動力，可以說是一份死能量。那麼，什麼是死能量呢？

黑色生命力

我曾經提過一個形象化的模型：想像你是一個能量體，你的任何一份動力，如欲望、需求和想表達的聲音等，都像是章魚伸出的一個能量觸角。這個能量觸角本來是灰色的、中性的，但如果它能夠被其他能量體接住，與其建立起關係，那它就會被照亮，就會變成彩色乃至白色的能量，即白色生命力；相反，如果它沒有被接住，而是被拒絕或者被忽視了，那它就會變成黑色能量，即黑色生命力。

如果這份黑色生命力繼續向外表達，就會變成對其他能量體的攻擊，這就是破壞性。但如果它不能向外表達，就會轉而攻擊自己，進而對自己形成壓制。如果你仔細感知就會發現，所謂的無力感，其實都是黑色生命力轉而向內壓制自己的結果，這也是人會抑鬱的原因之一。

關於黑色生命力和白色生命力，還可以換成另一種表達——死能量和生能量，前者指向破壞，後者指向滋養。

在前面這位個案的故事中，本來擺家具是一件簡單的事，但一加入媽媽強烈的管制，就變得複雜、深刻了。不過，一旦理解了這種事情中藏著「你死我活」的戰鬥，或者更準確地說，是「你的意志死、我的意志活」的戰鬥，我們立即就能明白，這不是一件無關緊要的小事。

媽媽嚴重地控制著這個女孩，而且非常有耐心和決心，同時，母性的確容易讓人過分關心孩子的事情，這位媽媽就是這樣，此外，媽媽在和她鬥爭時總是贏。這些因素加在一起，對她構成了一種全方位的「圍剿」——媽媽的意志無處不在，徹底包圍她了，所以她衝不出去，而意志大多也被悶死在這個包圍圈中。

這位個案還告訴我，她常常做一個夢。夢裡，她去車站或機場，想坐交通工具離開，可是她總是買不到票，沒辦法離開。其實，這個夢和她另一個重要的情況有關。從小她就本能地想離媽媽遠一點，例如去找爸爸，可是爸爸總是會把她推回到媽媽身邊。她去找其他親人，他們也都會說「妳媽一個女人不容易。」「妳媽最愛妳了。」「妳媽喜歡妳、需要妳。」「妳多陪陪妳媽。」之類的，這些話讓她非常絕望。我覺得這種感覺就是那個夢的意思：她離開了媽媽的包圍圈，想乘坐列車或飛機離開媽媽，可是周圍人的態度都像是在說妳沒有買票的資格。

母親包圍圈

因爲這位個案的故事，我想到了「母親包圍圈」這個詞。不過，我當然不是因爲這一個個案就提出了這個詞，而是因爲許多類似的個案讓我先有了各種理性的總結，到了她這裡，突然很多東西被觸動，然後我就想到了「母親包圍圈」這樣一個簡單而又形象的說法。你可以粗略地觀察一下周圍的人，我相信你會看到很多人都處在母親包圍圈中。中國學者孫隆基寫過一本很好的書叫《美國的弒母文化》，講的就是美國文化對躺在母愛懷抱中有很深的恐懼。

「戀母」或「尋母」的說法是在說，哪怕成年人也都是孩子，都在尋找母愛懷抱。但我覺得這只是一方面，另一方面是母親也不想讓孩子離開。例如這位個案，她雖然也會被充滿雄性魅力的男性吸引，但她更傾向於選擇溫和、寬容的男性，因爲這樣的人身上有更多的母性。我覺得這就是在「尋母」，但對於她眞實的母親，她絕對是想離開的。只是一離開，她又容易有深重的內疚感。

病態共生

再來看另一個故事。我有一位男性個案是個超級宅男，也是典型的迴避型人格障礙者。他只有兩個深度關係，一個是和妻子的，一個是和媽媽的，而在遇見妻子之前，他的世界裡只有媽媽一個人。他的媽媽也不斷地說自己的世界裡只有他一個人，說的好像他們是孤兒寡母，相依為命似的。可是，這位個案是有父親的，而且他們也生活在一起。

這其實是一種典型的病態共生關係。一般來說，如果病態共生關係發生在親子關係之中，那幾乎都是父母想和孩子共生，而孩子想離開卻離開不了。

有一次，這位個案看了一部美國西部電影，影片講的是挖金礦的事。那是一個屬於男性的叢林社會，動不動就打打殺殺，人們視人命如草芥。可是看完之後，他有了一種強烈的憧憬，很想去這樣的世界，哪怕只是做一個小嘍囉、哪怕可能會輕易就丟了性命也想去試一試。

然而，他覺得自己去不了，因為媽媽離不開他。如果他離開了媽媽，媽媽會活不下去，而這會讓他內疚至極。他想到的「唯一」解決辦法是他得有分身術，真實的自己去那個叢林社會，虛假的自己留在家裡陪媽媽。

講這兩個故事，是想讓你明白什麼是母親包圍圈，以及怎麼判斷自己是否陷入了母愛包圍圈。我認爲，**如果一個人離不開母親，或者一想到要離開母親就會特別內疚，可能就意味著他身處母親包圍圈中。**

練習題

如果你也有身處母親包圍圈的感受，那你可以做這樣一個練習：拿一個讓你感覺很像媽媽的物品，找一個安靜的場所坐下，閉上眼睛，讓自己安靜下來，再花一點時間感受自己的身體，做四、五次的深呼吸。

繼續閉著眼睛，想像一下媽媽出現在你身邊，想像她會出現在什麼位置，她是什麼樣子。尊重第一時間出現在你腦海中的情景，不要做任何修改。

睜開眼睛，把那個代表媽媽的物品放到她出現的位置。接下來，你就在那個位置上想像和媽媽在一起的感覺。

再接著，試著離開媽媽。可以先倒退著看著媽媽，越來越遠，然後再轉身，繼續逐漸遠離，最後離開那個房間。

建議你慢慢地做這個練習，看看會發生什麼。

02 逃離共生：避免與媽媽共生的狀態

除了「母親包圍圈」，我還提出了一個詞——「共生絞殺」。

要理解共生絞殺，就要理解共生關係的本質。**本質上，共生關係是我和你的自我都消融，然後構成了一個共同體「我們」**。

你可能會覺得這聽起來還不錯，「我們」，聽起來多溫馨、多舒服啊。相反，一個人老講「我」「我」「我」，聽上去就有點太自私了。乍一看確實是這樣，但我要告訴你，這樣想其實是因爲沒有理解共生關係的殘酷之處。

共生關係的達成需要一個激烈鬥爭的過程，「我」和「你」必然要去爭做「我們」這個共同體的代言人，而最終的結果是「我」或「你」中的一個人占據了「我們」，而另一個人的自我消失了，也就是被絞殺了。這也就是這一節想著重講述的共生絞殺。

共生絞殺的兩個層級

共生絞殺存在兩個層級，分別是細節水準上的絞殺和抽象自我水準上的絞殺。細節水準上的絞殺，是指對一個個具體動力的絞殺。也就是說，「我」在每一件瑣碎的事上都要去管制「你」，要你聽我的。這一旦達成，就意味著「我」絞殺了「你」一個個具體的動力。

抽象自我水準上的絞殺，在時間上是長年累月的，「我」透過絞殺「你」一個個具體的動力，最終把「你」的自我消滅了。

正常共生是一種眞實的需求，無助的小嬰兒要把他的聲音傳遞給母親，以便讓母親照顧好他。面對幾個月大的新生兒時，一些母親的自我也像被滅殺了一樣，或許正是因爲這一點，英國精神分析學家威尼科特才會說，有原始母愛貫注的母親像是處在一種特殊的「病態」中。但是，我經常看到這個邏輯被逆轉，有太多母親渴望把自己的聲音傳遞給孩子，而這就對孩子構成了絞殺。如果只有一個具體的動力被絞殺，那這種絞殺的影響要看這個動力的意義有多大。例如，你想吃巧克力卻被禁止了，這偶爾發生一次無關緊要，但是，如果你在考大學、選科系，或者選擇和誰結婚時，自己的動力被滅殺，而變成了遵從父母的意志，這就是一種嚴重的絞殺，會產生較大的影響。

最糟糕的是抽象自我水準上的絞殺，什麼樣的父母會對孩子構成這種絞殺呢？也就是那些好像對管孩子這件事特別上癮，對孩子的任何事都要管的父母。

一位年輕女孩告訴我說，不管她做什麼，都絕不可能得到媽媽的認可和支持。非常微妙的是，不管是什麼事，媽媽一定都要管一下，哪怕只是管一點點。打個比方，她本來的選擇是五分，媽媽最終幫她選定的有時也就是五．一分，雖然只是○．一分這麼小的差別，但也透露著這樣一種含義：你的自主選擇，我是絕不可能接納的。

如果幾乎所有事情中都藏著這種含義，這種對一個個具體動力的絞殺最終就構成了對一個人抽象自我水準上的絞殺。而一旦達到抽象自我水準上的絞殺，也就達到了嚴重的「你死我活」的狀態。當然，這時的「你死我活」可能就不是比喻了，而是有了真實的殺戮含義。

病態共生的案例

我關注過一些比較典型的社會事件。比如，十幾年前，上海某大學一位女研究生在宿舍自殺，用一種難以想像的方式痛苦地結束了自己的生命。

這件事發生後，她的家人大鬧，說是因爲校方太冷酷，女兒才會自殺。但很快，人們就透過這家人和朋友的描述，發現了這個女孩生活的一些特別之處。原來，她的母親竟然和她一起住在研究生宿舍裡，跟她擠在一張床上，女孩的室友也都因爲受不了，而紛紛搬離了。

據說，女孩在學校讀書時，母親會一直跟著她。而這位母親身體健康，有退休金、有房子，事實上根本沒有任何理由這樣擠進女兒的空間。我認爲，就是因爲她過分地和女兒共生在一起，最終將女兒絞殺了。

女孩在考大學時，特意想考去另一座城市，可能就是爲了逃離母親，但被母親否決了。後來，母親爲她選擇了一座大都市，但這並不是出於女孩的意志，而是母親想去那裡。女孩的同學觀察到，母女倆走在一起時，母親很驕傲，女孩卻常常神色黯淡。我認爲這就像母親產生了錯覺，覺得是「我們」在一起讀書，當然，這個

「我們」是由她控制的。

另一個比較慘痛的故事，是一位高材生男孩殺死了自己的母親。我看到很多資訊顯示，母親對他嚴重管控，例如，母親每天都打電話給兒子，跟他討論學業，還要兒子彙報每一筆帳單，精確到零頭多少元，甚至兒子怎麼吃飯、吃飯時要保持什麼姿勢等，母親也會管。如果這些資訊都是眞的，那我覺得，也可以說是母親想和兒子共生在一起的控制欲造成了最終的絞殺。

這兩個案例展現了母子病態共生的一體兩面，女孩選擇了絞殺自己，男孩則選擇了絞殺母親。當然，這兩個案例很極端，但它們傳遞的資訊極爲重要：**當母親或其他養育者成功地和孩子共生在一起時，他們的關係中必然存在著「你死我活」的鬥爭。**

進入更大的空間

那麼，面對這種病態共生的狀態，該怎麼辦呢？答案很簡單，就是孩子得突破母親包圍圈，進入更大的空間。

想要順利突破母親包圍圈，理想狀態是當孩子提出自己的需求，或者表達自己的主張時，母親予以正視，並給予孩子一定的選擇空間，父親或其他親人也要鼓勵母親給予孩子一定的自由。同時，還需要社會文化的指引，讓大家在整體上達成一種共識——大一點的孩子離開母親的懷抱是正確的、必然的。

我特別想強調的一點是，我們必須警惕那些過分美化母愛的成年人，因爲他們內心可能還藏著另一種眞相，那就是對母親的恨。這看上去可能有點匪夷所思，但我看到的很多案例都顯示，越是把母親說得偉大的人，對母親的恨意就越多，也越想離開母親。

例如，我見過一位智商很高的女孩，她在一家頂級的跨國金融機構工作，很以自己的邏輯思維能力爲傲。不過，她說在高中時，思考過這樣一個問題：有人可能一輩子都不犯錯嗎？從邏輯上講，這不可能。但事實上，眞的有人做到了，例如她媽媽，這輩子從來沒犯過錯。

做爲旁觀者，我們當然知道這是不可能的。可是這個女孩爲什麼會有這種感覺呢？眞相是，她媽媽確實非常厲害，但也極度自戀。她和媽媽在一起時，媽媽的聰明和強勢讓她根本沒有空間看到媽媽有問題的一面。直到高中畢業，上了大學，和媽媽拉開了距離，才看到媽媽也是一個有很多問題的人。有趣的是，後來我把這個故事寫在微博上，居然有很多人說他們在中學時有過一模一樣的思考。

和媽媽共生在一起的成年孩子普遍都有一個特點：對媽媽的需求，特別是情緒非常敏感，對自己的需求、情緒和感受則非常遲鈍。其實，**這也是共生關係的特點：忘記了自己的感受，為別人的感受而活。**

如果你發現自己正處在這種狀態，首先，必須意識到這是一個很嚴重的問題；其次，要盡可能與媽媽完成空間上的分離，留出感受自己的空間；當然，最重要的是完成心理上的分離。在這種時候，我強烈建議你找一位諮商師輔助你完成分離，因爲心理上的分離非常困難，你會發現，對自己的感受遲鈍、對別人的感受敏感已經成習慣，揮之不去。

舉個例子，我的一位心理諮商師同事講給我聽的一個個案的故事。

有一個女孩一直是媽媽的「貼心小棉襖」，媽媽永遠都不讓她關房門，一直很隨意地翻她的東西。父母鬧離婚時，她就是媽媽派出去的偵探，去監視爸爸的一舉一動。父母發生大戰時，她也永遠是媽媽的同盟，她一直覺得，媽媽這樣做都是出於愛。

後來她戀愛了，但驚訝地發現，媽媽竟然憎恨她的幸福，質問她爲什麼經常偏向外人。這時她才醒悟過來，發現和媽媽的關係是有問題的。最終，她堅決地離開了媽媽。從家裡搬出來的那一刻，感受到了一種從未有過的海闊天空的感覺。我認爲這是很眞實的感覺。

這兩節討論了母親包圍圈和包圍圈裡共生絞殺的問題。你已經知道了，從自閉之殼到母愛懷抱是關鍵的第一步，也是母親給孩子的一個重大禮物。但母愛懷抱畢竟是一個很小的空間，而一個人的成長，只有不斷進入更廣闊的世界才能完成。一旦母親想要控制孩子完成這一步成長，就會發生共生絞殺。

思考題

你有過逃離母愛懷抱的願望嗎？你會付諸什麼行動呢？

03 走向自主：在關係中與媽媽爭奪控制權

看完母愛包圍圈和共生絞殺的內容，你或許會覺得有些黑暗，覺得怎麼就把母愛說成這樣了。如果你有這種想法，我希望你也能記得第二章講了母嬰共生有多麼重要。我只是強調，孩子不能停留在母愛懷抱，必須完成與媽媽的分離。

總論部分講過精神分析學家瑪格麗特·馬勒的理論，她把三歲前孩子的心理發展分成了三個階段，第三個階段是分離與個體化期。分離就是嬰幼兒與母親身體上的分離，而個體化是指嬰幼兒自我的逐漸呈現，這可以被看作心理上的獨立。這兩者的發展程度最好是相匹配的。

如果孩子在心理上早熟，也就是個體化太早實現，但身體能力還不足以支撐他獨立，那他就會在使用身體能力方面出問題，這常常是因爲媽媽不能正確評估孩子的發展程度。如果孩子的身體能力已經可以讓他實現與媽媽的分離，但心理上的個體化發展遲滯，也會帶來問題。例如，一位男士告訴我，在他讀小學高年級時，媽媽還在餵他吃飯，讓他覺得自己還是一個小寶寶。

分離與個體化期又被馬勒細分成了四個亞階段，分別是分化與軀體意象期、實踐期、和解期、情感客體穩定與個體化期。下面就來具體談談前三個時期，最後一個時期會在第四章詳細講解。

分化與軀體意象期：大約四五個月到十個月

當孩子四五個月大時，「我就是媽媽，媽媽就是我」的共生感已經開始動搖了，而到六個月大以後，這種感覺變得更加清晰。

在這個階段，孩子會發展出一些偵測行爲。例如咬自己的手指，痛；再咬媽媽的手指，不痛。這會讓他們想：「哦，好像媽媽和我的身體的確不是一起的。」這種身體上的分化開始讓孩子體驗到「我是我，媽媽是媽媽」。這是一種重要的分化，還會引出一系列其他的分化。

第一，內部世界和外部世界的分化。「我」和媽媽是內部世界，我和媽媽之外的則是外部世界。孩子對外部世界越來越好奇，越來越想離開「我」和媽媽的內部世界，進入外部世界。

第二，媽媽和其他人的分化。在這個階段之前，孩子通常沒有陌生人焦慮，因爲他們覺得不管是媽媽還是其他人，都是一樣的。但到了這個階段，孩子開始對陌生人有了提防意識，因爲他們認識到媽媽和其他人是不一樣的。

除了這兩類基本的分化，還有一些細膩的分化。例如，孩子會開始區分媽媽的身體和媽媽的衣服，認識到這也是不一樣的。從整體上看，分化良好的孩子會把注意力從內部轉向外部，並因此產生各種動力，如急著發展爬行、走路甚至是跑等能力。如果分化得不夠順利，孩子的注意力大多還停留在自己和媽媽的內部世界，他的發展就會受阻。可以說，孩子能很好分化的基礎是共生關係得到基本滿足。如果共生關係建立得比較差，孩子就會推遲分化，還想和媽媽黏在一起。

實踐期：大約十個月到十五六個月

實踐期是孩子的能力急遽發展的階段，他們先是能借助爬行或扶東西挪動身體，從而可以離開母親，後期會發展到自己能站著行走。

每個嬰兒一出生都有全能自戀，覺得自己就像神一樣無所不能，但其實能力很弱，所以這份自戀只能由媽媽提供的良好照顧來滿足。可是到了實踐期，孩子發現可以自己滿足自己了，於是這份自戀得到了直接滿足，這種感覺簡直太好了。

馬勒說這個階段的孩子「和這個世界有著一段甜蜜的戀愛，甚至中毒了。」出於這種強烈的全能感和信心，孩子會顯得很堅韌，跌倒了也容易覺得無所謂。同時，他們也開始頻頻說「不」或者「我來」。

第一次讀到馬勒的這種理論時，我想到了史瓦辛格那樣的大塊頭明星，覺得他們身上散發的味道和實踐期的孩子很像。電影中，這類明星主要展現自己的無所不能，風格和布萊德·彼特等明星演繹的男人味很不同。相對而言，後者是強烈需要女性的，並且他們與女性在人格、力量方面有平等的感覺；但在大塊頭肌肉男做主角的電影中，女性只是陪襯，被嚴重弱化了。我覺得這很像實踐期的孩子對媽媽的感知，他們好像一直在說：「妳看我多麼強大。」

面對這一階段的孩子，有的媽媽會迫不及待地想把他們丟開，讓他們自己照顧自己，覺得被解放了。但實際上，在這個時候這樣做太早了，孩子還非常需要媽媽。有的媽媽非常享受以前和孩子共生的感覺，所以不喜歡孩子的這份自戀；有些媽媽甚至會因此想再生一個孩子，好再去構建母嬰共生的感覺。當媽媽有這樣的渴求時，就容易壓制孩子的發展。

和解期：大約十五六個月到二十四個月

孩子在實踐期的全能感很快會過去，正在學步的孩子很快就會累積不少受挫感，這會讓他們再次對自己的獨立能力產生懷疑，對母親的依賴也會重新多起來，他們會再次去靠攏媽媽，所以這個階段被叫作和解期。

這一階段的孩子還會產生「和解危機」。因爲要處理自主與依賴的矛盾，所以要逐步消除自己的全能妄想，同時又要留住「我很棒」的感覺。

在這一階段，或者說在整個分離與個體化期，孩子都會與媽媽爭奪關係裡的控制權，對媽媽控制自己很敏感，同時也會想去控制媽媽。如果眞的能做到，孩子就會產生自豪感。因此，媽媽需要適當滿足孩子的這一點需求，這也是孩子未來能跟別人協作或者支配、領導他人的基礎。

控制與被控制是整個分離與個體化期的核心矛盾，但它在和解期的表現會更強烈一些，因此孩子會在這個階段表現出一種特有的難纏狀態。例如，孩子會對母親或養育者發出矛盾的指令，如要你幫他倒水，萬一你眞的幫他倒了，他又會生氣，搞得媽媽不知道他想做什麼。

爲什麼會這樣呢？其實是因爲孩子在這個階段既有全能感的殘留，幻想著自己無所不能，同時又知道這不眞實，知道很多事情是自己做不到的。於是，他們期待的解決方式是媽媽神奇地滿足了他們，但又不需要他們感激，這樣會顯得這件事好像是他自己做的一樣。

其實，這種情況不只會出現在孩子身上，在成年人中也很常見——有太多人喜歡別人幫他們把事情處理好，最後又弄得好像是他們自己的功勞一樣。比如，我有一位個案回憶起中學時媽媽幫他做了很多事，幫他寫作文、幫他做美勞作業，並且完成得恰到好處，很像他那個年齡的孩子能做到的。因爲媽媽做得實在是太好了，所以替他奪得了各種獎勵和讚譽，而他特別享受這一點，認爲這就是自己的功勞，沒有一點不安。

容器、挫折與自我效能感

分離與個體化期的這三個亞階段看起來很複雜，媽媽等養育者想要細緻地把握孩子的心理變化非常不容易。但實際上，只要把握三個概念，就能幫孩子度過這三個階段。這三個概念分別是「容器功能」「剛剛好的挫折」和「自我效能感」。

「容器功能」，是指一個養育者（主要是母親）要做孩子的容器，包容孩子無法包容的情感，慢慢幫助孩子消化、接納和成長，發展出容忍挫折的能力。它有兩個特點，一是當孩子把事情做好時認可他，二是當孩子遇到挫折時支持他。

「剛剛好的挫折」，是指在孩子的發展過程中，如果完全沒有挫折，就沒辦法成長，例如可能一直停留在全能感中；如果挫折太大，那也無法成長。所以，最好是給他剛剛好的挫折，有點超出他的能力，但透過努力能克服，最終會滋養自我效能感。

「自我效能感」最早由美國社會心理學家愛伯特．班杜拉提出。他說，自我效能感就是人們對自身能否利用所擁有的技能去完成某項工作的自信程度。簡單地說，就是孩子透過克服一個又一個困難，不斷體驗到「我可以」的感覺；即便真的不行，也可以向他人求助，這並不丟臉，能利用別人也是一種值得驕傲的能力，這是整個分離與個體化期最重要的目標。

分離與個體化期是一個無比寶貴的練習場，因爲它基本上沒有成本，但其挑戰性不亞於成年人結婚、戀愛、生子、工作和交友的過程。在這個階段，如果能讓孩子充分體驗到「我可以」和「不行了就去找人」的感覺，這將成爲孩子過好這一生的重要基礎。當然，如果你是一個成年人，但小時候沒有很順利地度過這個階段，那你的自我效能感就會比較弱。

思考題

你能根據現在的行為習慣分析一下自己在分離與個體化期的情況嗎？

04 心理弒母：完成心理上與媽媽的分離

我的良師益友、中國知名精神分析師曾奇峰說過：**「愛製造分離，而施虐製造忠誠。」**「忠誠」這個詞聽上去多麼美好，可是被這樣一解析，味道全變了。那麼，這句話到底是什麼意思呢？

在這本書中，我一直在講人的成長過程需要不斷地破殼，只有這樣才能從一個小空間進入更廣闊的世界。在這個過程中，如果某個地方特別強調忠誠，一個人的發展就會停在那。

分離與忠誠

在健康的成長過程中，一個人會不斷渴望進入更廣闊的空間。在分離與個體化期，如果孩子正常發展，最終的結果就是他的個體化自我得以誕生，心理上與媽媽的分離也得以完成。

怎麼實現這一點呢？瑪格麗特．馬勒提出了解決辦法，就是按照孩子的身體發育水準，不斷與他分離，最終讓個體化自我得以誕生。可是這個過程很複雜，母親或其他主要養育者既要照顧到孩子的自主需求，也要考慮到孩子的眞實發展水準。這種複雜的滿足，依靠的是對孩子深厚的愛。

那什麼因素會讓一個人的發展停下來呢？曾奇峰老師認爲是施虐。你可能會覺得「施虐」這個詞聽起來太刺耳了，所以我想換一個溫和一點的詞——「匱乏」。如果對孩子的愛不夠，讓孩子感受到了匱乏，就可能會出現兩種結果：一種是孩子過早地完成個體化，也就是早熟；另一種是孩子的個體化沒辦法完成，心理上不能與母親分離，進而陷入母親包圍圈之中。

當然，「心理上與母親的分離」這種說法不完全符合精神分析的表達，更準確的表達是「心理弒母」。它的意思是，孩子在走向自主時，需要完成對加在自己身上的母親意志的反抗。例如，我一位朋友的兒子活力四射，兩三歲時，他多次對我朋友說出讓她特別受不了的話，比如對她大喊：「媽媽我恨妳！我恨不得把妳切成碎片，再倒進馬桶裡沖走！」

最初聽到這種話時，我朋友非常生氣，後來她了解到了「心理弒母」這個說法，平靜了很多，也就可以和兒子耐心地談論了。她跟兒子開玩笑說：「媽媽要是沒了，誰陪你玩？誰給你做好吃的？你好好想想，還希望媽媽消失嗎？」兒子想了想說：「媽媽，我就是很生氣，但我不想讓妳眞的消失。」過了一會兒，兒子又過來說：「媽媽對不起，我愛妳。」

現在她兒子已經讀小學了，仍然活力四射，而且情商很高。所以，他雖然說過那種狠話，但那不代表那是他眞實的想法，只是在經歷一個分離的過程。

所謂分離與忠誠的矛盾，其實全在於孩子的選擇。當孩子的意志和母親的意志發生衝突時，如果孩子選擇尊重自己的意志，就是完成了心理弑母；如果孩子選擇遵從母親等養育者的意志，就是被忠誠所困，失去了自己。

控制與被控制

我這位朋友的兒子是一個成功完成分離與個體化的例子，但也有很多沒有完成分離的例子。例如，上一章講到的那位迴避型人格、幻想去美國西部挖金礦的超級宅男，發現自己的一個問題是讀書不能專注，最多兩分鐘就會分心，經過和他的探討，我發現他分心的原因是在尋找媽媽。

在我和他討論這個問題時，他說了一句令我印象深刻的話。他說：「武老師，你想像一下，如果你專注地做一件事，一轉身卻發現媽媽不見了，那就太慘了！太慘了！」他特別多說了一次「太慘了」來強調這種感覺的強度。當時我很難與他的這種感覺共情。後來我花了很多時間，聽了很多故事，才慢慢理解他的感受——因為不能讓這麼慘的事發生，所以他不能專注，只能隔一段時間就離開自己專注的事去尋找媽媽，確認她是否還在。

這位個案有很強的察言觀色本領，常常我話還沒說，他就已經猜到我下一句要說什麼了。但是，這種本領沒有多大的用處，因為他絕對不允許自己使用這種能力去利用別人，不允許自己在關係中處於控制地位，只能讓自己處於被控制的狀態。可以說，他練出這種本領只是為了討好別人。這又引出了一個新的問題——他在一個時間段裡只能和一個人打交道，如果多一個人，就會手足無措、慌得不得了，因為他做不到同時全力討好兩個人。這樣的生活太累了。

在讀大學時，他發現自己永遠是寢室裡最後一個睡著的人。一開始他不知道這是怎麼回事，後來發現，自己總在不自覺中做一件事：必須確認宿舍裡其他人都睡著了，他才能睡覺。當時，他不明白自己為什麼要這樣做，但是也控制不了自己。

直到找我做了心理諮商後，才理解了自己的邏輯：他在無形中把所有人都當成了媽媽，他懼怕每個人離開自己，所以必須確認所有人都睡著了，再也不會離開自己了才能放鬆，才能安心睡著。

關於他在三歲前是怎麼成長的，媽媽和他是怎麼相處，我並不能完全確認，因爲他的記憶太模糊了。而按照他媽媽的說法，媽媽很愛他，他不應該變成這種狀態。不過，我也諮商過不少媽媽，她們往往都會說是自己孩子的問題。透過總結這些諮商經驗，我發現大部分的情況是：在六個月前的共生期，孩子沒有和媽媽建立起基本的共生關係；在六到三十六個月的分離與個體化期，媽媽或其他養育者對孩子的控制欲太強，不允許孩子按照自己的意志行動，同時與孩子的分離比較多；更誇張的是，等孩子長大了，媽媽反倒越來越依戀孩子，不想讓孩子離開，甚至對他強調：「你是我生命中唯一重要的人，我不能失去你。」我相信，這不僅僅是我個人的總結，也是一種常見的社會現象。

指向分離的愛

幾乎所有的愛都指向親密，唯獨父母對孩子的愛指向分離。父母越愛孩子，孩子走向分離時就越容易。但如果這份愛很匱乏，孩子的離開就會變得困難很多。

當我們想給另一個人愛時，需要問問自己：我對他做的，是增強了他的自我，還是破壞了他的自我？是讓他變得強大、自信，還是讓他變得虛弱、自卑？

養育者需要謹記孵化隱喻，尊重孩子周圍的殼，提供良好的孵化環境，讓他從內破殼而出，而不要從外部去幫他破殼。孩子越小，這一點越重要。特別是在分離與個體化期，他們已經開始展現出強烈的自我意識和地盤感，不僅總是說「我」，也常說「我的」。因此，父母，尤其是整天與孩子朝夕相處的母親或其他類似於母親的養育者，一定要尊重孩子的這種邊界意識。

心理學家榮格說，母性總是指向融合，所以讓母親這麼做並不容易。但如果母親能做到，這就會成爲給孩子的一個巨大的祝福，因爲這意味著孩子在生命最初就被允許按照自己的意志行動，他的地盤和邊界都是被允許的。

對母親來講，能做到這一點的重要基礎是：母親有自我和自己的世界。如果母親有自我和自己的世界，雖然在孩子幼小的時候必須照顧他，可是隨著孩子的能力不斷增長，她也會自然而然地後退，但如果母親沒有自我和自己的世界，這就會成爲一個大難題，會更容易捨不得孩子與自己分離，因爲這會使她感到失落。

思考題

你認為忠誠和愛的邊界在哪裡？

05 自我洞察：看清潛意識中對媽媽的態度

在使用「母愛」這個詞時，我們容易爲它披上玫瑰色的外衣，好像它就是純然美好的，但我希望本章講到的關於母親包圍圈的內容，能幫你看到母親和孩子的關係有多麼複雜。在表達「愛母親」時，我們也很容易覺得這是一件純然美好的事。但實際上，它同樣也是複雜的。

這一節，我透過過度謳歌、過度拯救和強大恐懼症這三種表現，帶你看清一個人的表象和本質之間的關係。了解這三種表現，當你看到A時，就意味著你也看到了–A。學會用這種邏輯去看人和事，就會獲取驚人的洞察力。

過度謳歌

說看到A時就看到了–A是什麼意思?例如，有人把母親對他的愛和他對母親的愛放到極高的位置，這就是A。但這時，要從這個現象看到它的另一面，甚至可以相信另一面更眞實，這個另一面就是－A。

我在諮商中見過很多男士，他們小時候都有過一個強烈的念頭：想爲母親寫一本書，歌頌她們是全天下最偉大的母親。但同時，他們對母親也有強烈的恨意，甚至是深深的鄙視，然後又因爲這種恨意和鄙視而產生深重的內疚。

意識上美化母親，潛意識中憎恨母親，接著又因此在意識上產生內疚，這是極其常見的一種邏輯。我認爲，只有當一個人認識到這點，才有可能深入內心，看到自己對母親複雜的情感。這種複雜的情感越強烈，就意味著和母親的共生程度越強，分離程度也就越差。

這種複雜而又奇怪的邏輯是一種心理防禦機制，叫「反向形成」。簡單來說，反向形成就是指你產生了一種情緒、情感，結果表現出來的卻是相反的。

過度拯救

過度拯救指的是看到你有痛苦，我奮不顧身地撲上去拯救你，哪怕沒有效果，哪怕會嚴重損耗自己，哪怕你不領情，哪怕我已經意識到這可能會導致你剝削我，但我就是控制不住自己繼續幫你、拯救你。可以說，採取這種行動時明顯會有你我不分的感覺，這其實是共生心理的一種表現。

這種現象很常見。例如，有一個孩子總是生病，後來在心理諮商中發現，他生病是有規律的。在這個孩子的家庭中，媽媽和爺爺奶奶的關係很緊張，一旦家裡發生劇烈爭吵，他就會生病，而且每次都滿嚴重的。他一生病，父母和爺爺奶奶就都得手忙腳亂地照顧他，而這時他們也就不爭吵了，可是即便如此，也不足以拯救這個家庭，過後他們還是會繼續大戰，直到媽媽和爺爺奶奶撕破臉，不再來往。後來，這個孩子生了重病，爺爺奶奶必須來看他，家裡的關係因此出現了轉機，得到了修復。

從家庭治療的角度看，這個孩子就像是透過不斷生病的方式來拯救自己的家庭。家庭關係得到修復後，也就不怎麼生病了。我認爲，他的行爲表現其實來自全能感——孩子總覺得自己該爲家庭乃至家族負責，所以很容易做出過度拯救的事。

那麼，大人該怎麼做呢？當然是告訴孩子：「大人的事大人處理，你好好做一個孩子就行了，就算大人之間的關係出了問題，我們也都是愛你的，而且我們之間的爭執也不是你導致的。」

但是，大多數人不會這麼做。相反地，他們會有意識地利用孩子。例如，一位女性在和丈夫大吵大鬧後，常常對幾個孩子說：「你們怎麼不快點長大，長大了就可以保護媽媽了。」然後有一天，她再次和丈夫爭吵時，幾個幼小的孩子站在她面前說要保護媽媽。因爲媽媽最初和孩子有共生關係，所以這一招很容易奏效。但是，如果屢屢這樣利用孩子，他們就會陷入過度拯救的泥沼，不能面對眞相。孩子潛意識裡其實會很反感被這樣利用，被利用的程度越深，反感程度也就越高。這種反感有時很難被意識到，可是一旦被意識到了，就會因此而感到內疚。所以很多人會納悶，他們明明對媽媽非常好，爲什麼心裡卻對媽媽有那麼強的內疚感呢？

除了內疚，陷入過度拯救的人還會產生「好人沒好報」的糟糕感受。如果他們的拯救對象不是媽媽，而是其他人，他們就會發現自己拯救的對象最後會鄙視、嫌棄、背棄他們，至少不會和他們變得親密，他們會感到傷痕累累。

我覺得，陷入過度拯救的人需要認識到自己的內心其實是與之相反的——**你多麼強烈地過度拯救一個人，就多麼強烈地想要離開他。**

強大恐懼症

強大恐懼症是指一個人走向強大時，會莫名其妙地失敗，或者犯一些低級錯誤。仔細分析下去會發現這是因爲他的內心深處有這樣的邏輯：如果我變強大了，就會失去某些關係。

例如，我的一位男性個案是個小有成就的企業家，他有一個很特別的問題：雖然有非常強的學習欲望，但只要一讀書就會產生很強烈的心理不適感。對此，他有一些認知。他說，在他讀初中和高中時，發生過很詭異的事，這應該是他不能讀書的原因。

先來說初中。當時他考上了一所普通中學，成績離重點中學的最低錄取成績只差一點點，一段時間後有消息傳來，一所省重點中學空出了一個名額，問他願不願意去？這麼好的事，他當然願意去。但在去之前，他隱約擔心自己到了那所學校會不會成績很差。去了之後，他學習熱情高漲，很快就名列前茅了，這讓他非常開心，也讓他自信心爆發，覺得自己就像在飛一樣。

但沒過多久，他生病了，必須退學住院治療。幾個月後他康復了，但爲求保險，不能再去那所離家很遠的重點中學了，只能在家附近的中學讀書。到了高中，同樣的事情又發生了一次：他考上了一所普通高中，但有一所省重點高中空出了一個名額，讓他去了。很快，他的成績又在年級間名列前茅了，他再次體驗到如同飛一樣的感覺。可是接著，他的身體又出了同樣的問題，然後住院，康復後就在家附近的普通高中讀書。這個輪迴爲他帶來了巨大的影響，覺得自己被詛咒了，他明明這麼熱愛讀書，但老天似乎不讓他好好讀書。

在進行心理諮商時，我請他躺著，花了一段時間讓他進入放鬆狀態，然後請他把當年的事情鉅細靡遺地說出來。在這個過程中，我使用了心理諮商的具體化技術，必須搞清楚他話語中的細節，好去探究具體意思是什麼，因爲語言是非常容易含糊和產生歧義的。總體來說，我想讓他透過講述細節，回憶起當年的感受。

在我請他詳細地講述過程時，他驚訝地發現在醫院時，內心其實是非常享受的，因爲媽媽會親自照顧他，這是一生中和媽媽最親密的時候，他很喜歡這種感覺。原來，他有一個比自己小一歲多的弟弟，這意味著他還在共生期時，媽媽就懷孕了，然後和媽媽的連結就斷了。弟弟出生後，他總是被要求讓著弟弟，這讓他覺得自己永遠爭不過弟弟。只有在生病時，特別是這兩次生重病時，他才能得到和媽媽親密的機會。

我在諮商中經常聽到這樣的故事。可以說，小時候沒和媽媽建構好共生關係的人，一直都在尋找和媽媽或其他人構建共生關係的機會，而讓自己強大意味著要發展自己，這通常又意味著要遠離家庭。這位個案去重點學校讀書時，潛意識中就非常擔心會不會因此澈底失去媽媽，所以他就會害怕強大。這就是強大恐懼症的根源。

成長安全島

養育六個月到三十六個月大的孩子時，有這樣一幅經典的圖景：孩子在探索世界，但他們要有一個安全島在。這個安全島最好是母親，也可以是其他孩子信得過的養育者。如此一來，他們在探索世界時就可以不斷回到安全島，和養育者分享自己的感受；而當他們受挫時，養育者也可以幫助他們。

很多媽媽應該都有過這樣的體驗：有時你看到孩子在專注地玩玩具，覺得既然他這麼專心，根本沒有注意到我，那我就先離開吧。但你剛離開，孩子就嚎啕大哭，到處找你。

這其實是一個深刻的隱喻。發展自己就像激情的部分，安全島則是安全感的部分。雖然我一直在強調分離的重要性，但也不能忽略分離的一個重要前提，那就是安全島得到了保證。只有這樣，孩子乃至成年人才能充滿激情地探索世界。就像一句詩所說的：「只有確保有大地可以降落時，一隻飛鳥才能酣暢地在天空翱翔。」

思考題

你在成長過程中，有沒有過度謳歌、過度拯救或者強大恐懼症的體驗？

06 意志誕生：發展出適應外部世界的能力

第二章講到，六個月前的嬰兒成功度過正常自閉期和正常共生期的標誌是動力的誕生，也就是能發出自己的各種動力。而本章講的處在分離與個體化期前三個亞階段（大約六個月到二十四個月）的孩子，成功發展的標誌可以說是意志的誕生。做爲成年人，我們需要審視自己有沒有完成動力和意志的誕生。

動力的誕生 vs.意志的誕生

你可能會困惑，動力的誕生和意志的誕生有什麼區別嗎？簡單來說，動力的誕生是你能表達自己的動力，但未必會非常堅持；意志的誕生則意味著你能堅持這份表達，想讓它澈底地、成功地表達出來。以我自己爲例，我是一個微博控，有時一天能發十五則微博，各種聲音都想表達。可以說，在表達觀點這方面的動力上，我沒有太大的障礙。但是，一旦在微博上遭遇嚴重的攻擊，我就會刪微博，這說明我的意志不太強，我不能在有外界干擾的情況下堅持自己的表達。所以，在意志的誕生這件事上，我的發展程度很一般。而且，我深深地知道自己刪微博不都是因爲明智，主要是因爲怕事。所謂怕事，就是當我的意志表達和別人的意志表達出現衝突時，我容易後退。

這種風格展現在我人生中的各方面。例如，我特別好說話，這意味著別人的聲音很容易占據我，而失去了自己的聲音。在公司裡，雖然我是老闆，代表了品牌形象，也是公司工作經驗最豐富的諮商師，但我總是以商量的口吻和員工說話，難以雷厲風行地要大家貫徹我的意志。

這是怎麼回事？爲什麼會出現這種情況？主要有兩個原因。第一，我認同了母親。我的母親可以說是一個「濫好人」，當和別人的意志發生衝突時，她很容易放棄自己的意志。第二，我的母親有嚴重的抑鬱症，雖然她從來不控制我，對我的需求也非常包容，但我不能索取太多，畢竟她太虛弱了。

本我、超我與意志

如果一個人的意志太強，就容易與他人起衝突，但很多人是因爲害怕衝突，所以學會了掩飾自己的意志，從而獲得一些空間。問題是，他們掩飾久了，就會澈底忘記自己的意志。

不過我覺得多數情況下，一個人缺乏意志力的原因可以回溯到嬰幼兒時期，特別是分離與個體化期。嬰幼兒表達「不」「我來」等意志時是得到允許還是受到打壓，決定他們之後能不能順利表達自己的意志。一旦和孩子的意志出現衝突，養育者就會堅持不懈地打壓孩子的意志，那他們的意志就不能順利誕生。但是，即便是被打壓得很厲害的人，也會用各種方式去表達自己的意志，伸展空間。

例如，我的一位個案是一位女士，她有嚴重的拖延症。每次來諮商，她都會跟我講一件矛盾的事情：過去一段時間，她希望自己是積極、高效的，但她就是頹廢著、拖延著，似乎沒有爲克服這些問題做任何努力。

隨著諮商的深入，她對拖延症的理解也越來越深。在一次諮商中，她突然認識到那個不斷拖延的部分才是眞實的自己。她說，她媽媽在管教這件事上有強大的意志，最終是媽媽的意志占據了她的頭腦和意識。當她想追求高效、有價值的生活時，其實是超我的追求。

佛洛伊德認爲，人的人格由本我、自我和超我三部分組成。本我就是本能，指潛意識裡的我，它由各種欲望組成，遵循的是享樂原則。自我負責處理現實世界的事情，大部分是有意識的。超我是人格中的管制者，代表著道德，遵循的是道德原則，有一部分也是有意識的。如果把你面對世界的自我放在中間，那就可以把本我看成你「內在的小孩」，而把超我看成「內在的父母」。這樣，本我和超我就變成了「內在的小孩」和「內在的父母」的關係。

回到這位個案，如果「內在媽媽」這一部分一直成功，她就會完全失去自我。相反，一直被她鄙視的嚴重拖延症，其實是她的「內在小孩」在說話。雖然這一部分讓她在現實中受到了很多損失，但如果沒有這個聲音，就會感覺到生命是毫無意義的。一個身體只能住下一個靈魂，如果媽媽的意志澈底占據了她的身體，她就會寧願死去。

這位個案眞切地認識到了這一點，於是開始改變，努力表達並堅持自己的意志。

意志的誕生與外化

動力的誕生是指一個人能表達自己的生命力，意志的誕生則意味著一個人能持之以恆地表達自己的生命力，這會給人帶來持續地滋養。

你一定見過能持之以恆地表達自己動力的人，也就是意志非常強的人。和他們相處起來，你可能很容易感到他們不好搞，覺得不舒服，但同時會發現，這些人通常都有這樣的特點：很有活力、很有主見、很有創造力、品味很好等。

我身邊彙聚著一群這樣的人。例如，裝修房子時，我先找了四家設計公司，請他們都列出方案，我也爲這些方案付了錢，但我基本上都不太喜歡。後來，一位朋友向我介紹了一家新的裝修公司。第一次見到那位設計師時，就知道她是一個很有主見的人，也知道她可能不好相處，但她一開始提供的設計方案我就非常喜歡，所以最終還是請了她。

事實證明，這位設計師真的沒那麼好相處。在裝修期間，我們發生了很多小衝突，其中有幾次，她給我的感覺好像這裡是她的空間，她珍愛自己的每一個想法，其他人都不能亂指揮。但最終，裝修結果實在是讓我太滿意了。

對於這種人，我一直都有所了解，我知道他們不好相處，但有才華。在公司招聘時，我也特別想多招一些這樣有脾氣、有激情、有強烈的自我意志的人。

「意志的誕生」是我自己的表達。如果用瑪格麗特．馬勒的理論來講，六個月到二十四個月的孩子發展成功的標誌是「外化」，意思是孩子成功地把注意力從內部世界轉向了外部世界，還發展出了能適應外部世界的能力，而且是帶著主體感的。這裡的主體感，就是我講的自我意志。相對地，這個階段發展失敗的標誌是沒能進入外部世界，還沉浸在自己和媽媽所構成的內部世界。

講到這裡，必須說媽媽和爸爸的不同。對孩子來說，因為曾經在媽媽的肚子裡待過，所以孩子會把媽媽視為內部世界的一部分，而把爸爸視為外部世界。

這個道理還可以繼續延伸。如果我們深愛一個人，例如自己的孩子和伴侶，最好的方式是做他們的容器，鼓勵、支援他們用自己的方式展開獨特的生命，讓他們充分體驗到他們的動力可以展開在這個世界上，可以堅持自己的意志。

當然，我也要澄清一下，這並不是說內向是不好的，外向就是好的。依照榮格等很多心理學家的理論，內向、外向只是一種人格維度而已，不分好壞。不過，假如養育者讓孩子感受到「你不能按照自己的意志展開你的動力」，那就會造成額外的自閉、封閉，而這才是我一直講的真正含義，即需要警惕因為發展受挫而導致的自我封閉的內向。

對孩子來說，在六個月前的心理發展過程中，不能伸展自己的動力，退縮在「腦補」中，這是一種失敗；在六個月到二十四個月的心理發展中，不能在外部世界伸展自己的意志，退縮在內部世界中，這也是一種失敗。

這就是成長的含義。生命就像是一粒種子長成參天大樹，或者一顆鷹蛋蛻變成大鷹，這是一個不斷展開的過程，也是自我逐步誕生的過程。

思考題

你身邊有沒有敢於表達自我意志的人？你認為他們有什麼優勢和劣勢？過度的自我意志表達會帶來什麼問題？

第四章
打造你的邊界

經年累月，複製他人，我試圖了解我自己。
內心深處，我不知何去何從。
無法看到，只聽得我的名字被喚起。
就這樣，我走到了外面。
——魯米

引論

所有關係中都有邊界問題

邊界意識非常簡單，就是「我是我，你是你，我們之間是有邊界的」。具體一點就是，沒有經過我的允許，你不能進入我的空間；同樣，沒有經過你的允許，我也不會進入你的空間。當然，這個邊界不只是物理意義上的，它還包括地理邊界、身體邊界、心理邊界、財產邊界。本章會分別展開來講。

邊界意識是我們非常缺乏的一種東西，無論是在個人、家庭還是社會層面，都可以看到這種意識的匱乏，而這直接導致的一個後果是，大家彷彿都粘連在一起，所以我們的人際關係是黏稠的。關於這種黏稠，我已經在第一章進行了探討。

不過，建立邊界的確不是第一順位的事情。最初，孩子都在自閉之殼中，他們必須經過與母親的共生才能進入關係世界。可以說，關係才是第一位的。對於完全沒有建立起關係的人來說，直接建立邊界就像死亡，因為他們會覺得自己像被拋到了無人的荒野中。

活在共生期的嬰兒是澈底沒有邊界的，他們覺得我就是媽媽，媽媽就是我；我就是萬物，萬物就是我。但到了六個月後的分離與個體化期，他們開始意識到自己和媽媽的身體是分離的，這是邊界意識的開端。這時，他們擁有了一定的建構關係的能力，所以這也是建構邊界意識的好機會。

做為養育者，如果沒有意識到要尊重孩子的邊界，而是不斷從外部破殼，就會嚴重破壞孩子自我的形成與發展。但是，邊界問題絕不僅僅是孩子與父母的問題。實際上，我們的親密關係、職場關係、朋友關係都會涉及這個問題。

只有形成了明確的邊界意識，你才能守住自己的邊界和利益，同時也能尊重別人的邊界和利益，而這兩者結合在一起，就是健康人際關係的基礎。此外，形成了明確的邊界意識，你的人際關係和人生也會從黏稠渾濁轉變為簡單清爽的狀態。毫不誇張地說，邊界意識有時是保命的東西。因為如果你失去了自己的各種邊界而不自知，你就是在鼓勵別人繼續入侵你，而最終的入侵，就是剝奪你的一切。

學完本章的內容，你就會知道如何建立起清晰的邊界意識，如何跟別人更好地相處，以及如何在別人侵犯你的邊界時保護好自己。

01 建立地理邊界，你的地盤你做主

每個人都該有自己的「地盤」。前不久，我在社群媒體上看到一篇文章，分析了中國各個民族的傳統住宅。簡單讀過一遍後，我發現我更喜歡少數民族的住宅。我有些好奇，這種喜歡是怎麼產生的呢？於是我又把文章仔細讀了一遍，然後發現，原來是因爲漢族民居通常是擠在一起的，比如圍屋和碉樓，而我喜歡的住宅是少數民族居住的那種，一戶戶之間是有距離的。

這讓我聯想到了多年前的一次經歷。二〇〇六年我第一次出國去了波蘭，同行的人中有很多攝影愛好者，大家特別想拍農村風光，於是我們去了波蘭古都克拉科夫市旁的一個農村。村外的農田和牧場很漂亮，但村裡的房屋有些普通，甚至有些破敗。不過我留下了一點深刻的印象：一戶戶之間都有相當的距離，房屋外面沒有密實的圍牆，只是用鐵欄杆或木柵欄簡單圍一下，院裡院外種的都是花。

這和我老家河北農村太不一樣了，我們那裡的房屋是一戶戶緊挨著的，彼此之

間一點距離都沒有，甚至屋頂都是連在一起的，你可以輕鬆地從屋頂進入同排的任何一戶人家。同時，家家都有高高的圍牆。這種一戶戶緊挨著的狀態會使鄰里間的關係變得緊張。例如，你家的圍牆蓋高了，你家的樹枝伸進了我家的院子等，很容易引起爭執。如果一戶戶之間有足夠遠的距離，這種問題應該就會少很多。

不過，比起我的家鄉，在珠江三角洲地區的農村，房屋緊挨著的情況更嚴重，那裡的房子普遍是低層窄、高層寬，像是要積極地把房屋蓋到別人家的地盤，有朋友將之稱為「握手樓」，也就是兩棟樓近得好像可以握手了。

這樣緊挨著有一定的道理，例如經濟上的考量、面積上的限制等。不過，我覺得還有更深刻的理由。河北農村的房屋主要是平房，沒有握手樓這種感覺，但農田的這種感覺很強。農田間的路窄得很不合理，因為每一家都在擴張自己家的地，進而占據了馬路。例如，我家最主要的一塊地挨著通向鄰村的路，過去是可以過大馬車的，現在卻窄得只能過自行車了。這樣做就是為了占經濟上的便宜嗎？其實不是。我的理解是，雖然那點便宜沒多少，但如果你占了而我沒占，我就會覺得自己輸了、被欺負了，所以我也要占，而且還要占得比你多一點，這樣才能顯得我厲害。從小我就覺得，相比於利益上的爭奪，這種心理上的爭鬥才是最重要的。

總結一下，**如果彼此之間有清晰的地理邊界，大家就會尊重這個邊界，這樣雖然看上去距離遠了，但其實大家關係更和諧。**如果像那些緊挨著的房屋一樣，邊界沒了，雖然大家看上去更親密了，但圍繞著邊界產生的明爭暗鬥反而會更多。

其實，「地理邊界」這個詞不夠直接，換成「地盤意識」就更容易理解了。現代社會，特別是在城市裡，人最容易擁有的一塊地盤就是房子。我認爲，在現在這個缺乏邊界意識的社會上，大家熱中於買房子，與農民想擁有一塊土地一樣，既是爲了生存，也是爲了擁有一塊屬於自己的地盤。

那問題來了，在你的地盤、房子裡，你有邊界意識嗎？

家庭中的邊界

我們知道，在美國許多地方，如果一個人闖進別人家裡，屋主要他走，他不走的話，屋主是可以對他開槍的，事後的法律判定也會傾向於保護屋主。我覺得，美國社會的治安雖然有很多問題，但對地理邊界的尊重和個人產權的保護，的確會讓一些事情變得清晰很多。

我之前關注過一起醫療糾紛事件。一名男子攻擊了一位正在問診的醫生，醫生受傷後奮起反擊，把對方打傷了。員警到現場後先帶走了男子，後來要拘留醫生時，他不夠配合，員警就行使了一定的強制手段。這件事的處理看起來邏輯上是沒有問題的，醫生不夠配合，警方當然有合法行使強制手段的權力。但我認爲，這裡其實還可以多加入一層邏輯，那就是邊界意識。原本的邏輯是醫生和病人發生衝突，兩人互相攻擊，都有錯，所以都得負責。但如果加入邊界意識這個因素，就變成了這是醫生的地盤，也是救死扶傷的地方，鬧事的人先侵犯了他的邊界，有錯在先。不過，在事不關己的新聞事件裡能分清楚邊界，不等於當邊界問題延伸到自己身上時也能分得清。

例如，一個男人闖進你家攻擊你和你的家人，你奮起反擊，這是再正當不過的事了。這一點應該沒有任何疑問。但是，如果是父母到了孩子家裡，你覺得誰是屋主？你可能會說，這是孩子的家，理應孩子是屋主，父母是客人。有這層認知也許不難，然而，父母眞的會甘於做爲客人的角色嗎？他們會不會在孩子的家裡指手畫腳呢？

再問男性讀者們一個超重量級的問題：媽媽到了你家，她是客人還是主人？這個問題放在一些具體的家庭情境裡，很多人恐怕就會覺得很難處理了。但我認爲，男人和媽媽都必須明白，在兒子的家庭中，只有一個女主人，那就是兒子的伴侶、媽媽的兒媳。

根據我的了解，身邊很多人離婚都是因爲雙方父母沒有搞清楚自己的定位，還想在孩子的家庭中做主人，而且婆婆往往是其中最明顯的一個因素。

這種現象和第一章講到的共生心理緊密相關。雖然母親和兒女都有共生，但在傳統的社會文化中，人們通常會將已婚女兒的家視爲別人家，而將已婚兒子的家視爲自己家。於是，很多婆婆會覺得兒子家就是「我們家」，就是「我和兒子的家」，兒媳是外人。在有些小家庭中，哪怕兒媳的收入比兒子高，甚至房子主要是兒媳出錢買的，侵略性太強的婆婆仍然會覺得這是「我和兒子的家」。

如果母親和兒子的共生程度太高，母親的控制感太強，一旦住到兒子家，不出問題才怪。所以，**家人之間也應該有地理邊界。尊重這個邊界，家庭關係就會清晰很多，家人之間也會好相處很多。**

幫孩子建立地理邊界意識

成年人是相對獨立的，劃定合理的地理邊界很容易。可是，怎麼給未成年的孩子劃定一個合理的地理邊界呢？其實也不難，只要做到以下兩點：首先，父母要適當地保持在家裡的權威，畢竟這是父母主導建設的空間；其次，父母要尊重孩子的地理空間。比如，進孩子房間時要敲門，或者給孩子一個可以上鎖的抽屜，將那做為孩子神聖不可侵犯的空間，大人沒有任何理由進入。同時，也要讓孩子知道，他同樣不可以隨意侵犯父母的空間。

尊重孩子的地理空間意味著在給孩子一種感覺——你是自己地盤的主人。這有助於孩子形成邊界意識，讓孩子能在被入侵時捍衛自己的權益。如果父母經常入侵孩子的空間，孩子就有可能變得和父母一樣，會隨意入侵別人的空間，同時也可能沒有好的自我保護意識，因為他們習慣了被入侵。

最後來看一個社會事件。在一家書店裡，有一個小孩正在大聲朗誦，女店員上前制止時，他勃然大怒，雖然還只是個孩子，卻說出「信不信我打你」這樣惡劣的話，他的父母有點不好意思，但還是解釋說：「他還是個孩子。」這樣頑皮的孩子在很多地方都能看到，如果他們一直持續這種做事風格下去，恐怕人生不會太順利，因為會被人們討厭，原因也很簡單，就是他們在入侵別人的空間時毫不自知，缺少地理邊界意識。

思考題

我常說：「如果在你的地盤，卻不能做主，你就是別人的殖民地。」那麼，你是誰的殖民地？如何能重新奪回地盤？你又是誰的殖民者？應該怎麼把主權還給別人？

02 建立身體邊界：學會乾脆俐落地說「不」

身體邊界的意思是，建立起這種意識之後，你就能做到自己的身體自己做主。反之，如果沒有建立起這種意識，身體就不能由自己做主也容易出問題。身體是靈魂的殿堂，而且只能住進一個靈魂，如果你的身體裡住了別人的靈魂，你的身體就會不認帳，進而生病。

軀體化

軀體化是指，當一種情緒或情感不能透過語言和行爲自由表達出來時，就會透過身體來表達。關於軀體化發生的過程，第二章已經進行過分析，但鑒於這個問題的重要性，我們還是來更詳細地探討一下。

舉我爲例，我左耳的聽力有嚴重的問題，這是在中學時一場疾病導致的，但是，當我知道「軀體化」這個概念時深感贊同，覺得這太符合我的情況了。從小到大，我一直在聽女性訴苦，先是聽媽媽訴苦，後來戀愛時，又容易找有一肚子苦水的女人。我知道自己有多麼不願意聽女人訴苦，但我花了很長時間才敢開口對媽媽和那些女人說：「別老是對我講這些，我不想聽。」

還有一種故事更常見。例如一對老夫婦，一個很擅長表達情緒，攻擊性也很強，結果到七八十歲時還耳聰目明、精神矍鑠；另一個很壓抑，極少表達情緒，結果上了年紀時耳聾眼花。這其中的邏輯是一樣的：我不想聽你發脾氣也不想看你發脾氣，可是我表達不了，所以很想把耳朵和眼睛的功能關了。久而久之，它們就眞的無法正常運作了。

再來看一個我親身經歷過的案例。有一次我參加了一個培訓課程，老師亨利．博亞（Heinrich Breuer）是歐洲系統排列學院的創始人之一，也是一位經驗豐富的心理治療專家。晚上吃飯時，一位女學員向亨利老師請教，說父親和她住在一起，但常常她一出門，父親就生病，於是她不得不回去照顧他。這次又是這樣，不過她已經大老遠來參加培訓了，父親在家也有人照顧，幾經猶豫，她決定留下，暫時不回去。

亨利老師說：「父親一生病，妳就回去照顧他，這樣一來，他的願望總是實現，這種現象被稱作繼發性獲益。」具體來說，繼發性獲益是指有些人生病後獲得的特殊照顧和優待。病人透過患病獲得好處，比如透過患病達到不上學、不上班、避免受到指責和批評、免除某種責任和義務、尋求別人的注意和同情等目的，這是他們應對心理、社會等方面的困難處境和滿足自身需求的一種方式。這會導致病人「發明」大量的軀體化症狀來達到繼發性獲益，而這種「發明」可能是在潛意識中形成的。

回到那位女學員的情況，父親一生病，她就回到父親身邊，等於她鼓勵了父親生病。既然能透過生病讓女兒留在身邊照顧自己，那爲什麼不這麼做呢？

當亨利老師說這些話時，這位女學員像是完全忽略了他的解釋，還在繼續吐苦水。這種感覺我很熟悉，很多個案都會讓我有這種感覺。有些個案是因爲太自戀而意識不到別人的存在，於是忽略諮商師的聲音，還有些個案心智比較成熟，有能力意識到別人的存在，之所以會忽略諮商師的聲音，是有特別的原因在。我覺得這位女學員屬於後者。

於是我忍不住插話，對這位女學員說：「不知道妳有沒有注意到，妳忽略了亨利老師的話。」聽到我的提醒，她愣了一下，反思了一會兒說：「好像是這樣。」

我繼續解釋說：「此時此刻，亨利老師做爲男性權威，像是父親，而妳最不想理會的就是父親的聲音，所以才忽略了他的聲音。父親太需要妳了，妳感覺自己被淹沒了，想和他劃出一個邊界，但妳不能主動、直接地表達出來，只能用被動的方式，例如忽略、聽不進或遺忘他的聲音來表達。」

這是我對這位女學員當時的表現做出的分析。我認爲，這是一個比較典型的軀體化的案例。

保護抽象意義上的「我」

還有一種現象也非常常見，可能就曾經發生在你身上。比如，有人求你做一件事，你不願意，但又不好說出眞實理由，於是委婉地說：「哎呀，對不起，我太累了，做不了。」然後，你很可能會發現自己眞的變得很累，甚至可能乾脆眞的就生病了，這下變成了「不是我不想幫你做事，而是我的身體不行」。

在關係中，表達心理層面的「我」想拒絕「你」時，張力太大了，特別是當「你」太脆弱時。

關於這類現象，我也有一個觀察。我喜歡看NBA，不過我是那種不太懂籃球技術的僞球迷，我看的其實是籃球場上的人性。我發現，當球場上壓力極大，特別是球隊嚴重潰敗時，一些心理承受能力差的球星就會出現嚴重的傷病。當然，這些傷病的發生一定有前因後果，但我認爲這裡有一個隱藏的表達——「不是我能力不行，而是我的身體不爭氣」。

我認爲，之所以會這樣，是因爲雖然身體非常寶貴，但相對而言，我們更懼怕心理意義上的「我」不行或不好。所以很多時候，爲了保護抽象意義上的心理「我」，我們就會委屈、傷害身體層面的「我」。

沒有形成自我的人，會懼怕每一個具體動力的死亡。更嚴重的是，社會中有很多人好像都沒有形成自我，沒有「裡子」，只有「面子」。我們也知道，在東方社會，要給對方留面子，結果就變成了大家都難以乾脆俐落地說「不」，而是發展出了各種被動方式來拒絕，並美其名曰「委婉」。

對父母說「不」

前面講的都是成年人的例子，接下來從養育孩子的角度來看看這個問題。

如果你想讓孩子做自己身體的主人，就必須清晰地傳遞一個訊息：你可以對爸

爸媽媽說「不」。

有時候，孩子會拒絕發展一些能力。比如，你讓孩子學鋼琴，結果他的能力不升反降。對於這種現象，有一種很好的解釋，那就是當孩子不能說「我不想」時，他就會說「我不行」。久而久之，他忘了這是怎麼發展而來的，也忘了自己眞正的感受，於是就會眞的變得在很多方面都不行。

再比如，打孩子就更不可取了。首先，無論出發點是什麼，這都不能被稱爲「教育」；其次，當父母對孩子行使身體暴力時，無疑是在對孩子說「我可以侵犯你的身體」。實際上，父母不僅不能對孩子使用暴力，還要向他傳遞一個資訊——你的身體是神聖不可侵犯的，父母不可以侵犯，別人更不可以。如果被侵犯，你可以使用各種方式保護自己，必要時甚至可以使用暴力。

⌛

這一節一直在探討爲什麼必須守住身體邊界，以及身體邊界對一個人的重要意義。那麼，如果已經發生了沒能守住邊界的情況，該怎麼辦呢？每個人的情況不同，所以我很難給出一個統一的方案。但是，如果你發現由於不會保護自己的身體而出現了軀體化的問題，那麼可以好好對自己的身體說這樣一段話：「過去我虛弱時，謝謝你，身體，你一直在幫我承擔情緒上的痛苦。現在我發誓，不管情緒上的挑戰有多大，我都會努力覺知我的情緒，並努力在關係中表達出來，我再也不想讓你受這份苦了。」

簡單地說，**守住身體的邊界有一個原則，那就是積極地在關係中表達「我願意」和「我不願意」**。

思考題

有一些非常重視升學率的學校採取軍事化管理，對學生的學習、生活有非常嚴格的規定。我注意到其中有一個很特別的現象，那就是在早上跑操場時，中國有一所學校要求學生們得緊靠在一起，幾乎可以說是前胸貼後背。

而且，據說這種方式被很多中國學校模仿。

請你用本節的內容分析一下，這樣做是為什麼？這真的能提高學生們的成績嗎？如果能，又是為什麼？

03 建立心理邊界：不再總想去改變別人

心理邊界就是你和他人不同的心理狀態。擁有清晰的心理邊界，意味著你的心理狀態是你的，別人的心理狀態是別人的，你們之間有邊界；關於對方的感知、想像和判斷是你的，只有得到很強的佐證，才有可能確認是對方的。

隱私感

說到心理邊界，你可能會很容易想到「隱私」這個詞。沒錯，隱私感是最簡單的心理邊界。

有些人非常缺乏對彼此隱私的尊重，比如過年回家，長輩們總是喜歡打探晚輩的收入情況和戀愛狀態等，這就是缺乏邊界意識的一種表現。如果一個人特別愛窺探別人的隱私，就意味著他在跨越對方的心理邊界。

除了因爲好奇，人們喜歡越過他人心理邊界的另一個重要原因是，他們有時會過度美化坦誠的價値。的確，坦誠能讓人與人之間的交流更順暢，讓彼此更信任。但很多人沒有意識到，過度坦誠意味著一個人澈底放棄了自己的心理邊界，讓自己處於一種看起來毫無隱私的狀態。而這恐怕就違背了坦誠的初衷。「我」毫無保留地向「你」呈現一切，這本質上是一種臣服。只有當你設立了清晰的心理邊界，向對方隱藏起你的隱私時，你才能成爲一個自主的人，而不是臣服者；在和別人打交道時，你才是成年人。曾奇峰說：「沒有祕密，孩子就不會長大。」表達的就是這個意思——**如果一個孩子一直對父母澈底敞開心扉、沒有隱私，就意味著他還不是一個自主的人。**

當然，我們通常不會澈底喪失隱私感。即使是一個坦誠的人，也知道我和你之間是有邊界的。不過，如果把缺乏隱私感的情況推到一個極端，問題就會變得很嚴重。可是，完全喪失隱私感究竟有什麼表現呢？

澈底喪失隱私感的一個表現是透明幻覺很嚴重。這些人認爲，我們都是透明的，不用溝通，一眼望去就能知道彼此是怎麼想的。關於透明幻覺，在第一章有過具體的探討，這裡就不再贅述了。還有一種情況比透明幻覺更嚴重，也是精神疾病的一種症狀，叫「被洞悉感」。有這種病症的人會認爲，有一種神明的力量可以洞悉他的一切想法。這意味著他的心理邊界澈底消失了，他的自我澈底瓦解了。

誰的感受誰負責

隱私感只是心理邊界的一部分，下面這種邊界你未必能接受，叫「誰的感受誰負責」。其中，有強烈的受害者情結的人最難接受這一點。他們會認爲，我的痛苦感受是你這個壞人導致的，你要爲我的感受負責。但是，爲什麼你會選擇和這個讓你感受不好的人在一起？爲什麼不離開他？因爲你從中獲得了一些感受層面的好處，只是你沒有意識到或不想承認。

無論是地理邊界、身體邊界還是心理邊界，突破它時幾乎都有一個共同的目標，那就是從中獲得好處，其中最大的一個好處就是維護自己的自戀。

下面來看一下我一位朋友的案例。這位朋友是我們通常認定的女強人，她和老公開了一家公司，自己能量十足，有很強的驅動力和絕不妥協的意志，公司和家裡都是她說了算。

從某一天開始，她懷疑老公和公司裡的一個女孩搞曖昧，然後她開始鬧。老公早就被她的強勢馴服了，所以第一時間完全配合她，方式包括解雇那個女孩、手機讓她隨便查，電子郵件、各種App的密碼等一切都向她敞開。

雖然這位朋友沒有找到任何證據，可是她仍然相信自己的判斷。於是，老公乾脆對她說：「妳乾脆請一位私家偵探吧。」她猶豫了一下，沒有這麼做，而是繼續鬧。就這樣持續了一年多，老公和她都已經精疲力竭了。最後她對老公說：「你就承認你和她有曖昧吧，你承認一下就好，我不會拿你怎麼樣的。」她說得非常誠懇，但她老公感覺事情沒那麼簡單，擔心她以後會拿這個繼續鬧，所以沒配合她。

這位女強人的心態其實有點像嫉妒妄想，就是找一個原因去嫉妒，雖然沒有任何證據。這裡我必須強調一下，如果這種模式轉換一下性別，後果可能會更可怕。有嫉妒妄想的男性通常會逼伴侶承認自己在外面有人，如果伴侶不承認，他很可能就會使用暴力；如果伴侶迫於暴力承認了，他很可能會繼續施暴。事後又會跪下來痛哭流涕，請求原諒，並發誓再也不會使用暴力。但這種人發誓根本沒有用，以後還會一次次地輪迴。其實這就是嚴重的心理邊界不清，因爲正常人會知道，這只是我的想法或推斷，沒有「實錘」前不能當作事實來看待。

回到這位女強人的案例。在跟她談話時，我問她：「在沒有證據、老公完全配合，還建議妳找私家偵探的情況下，爲什麼還要他承認自己犯了錯呢？」她說不出來爲什麼。我解釋：「妳就是爲了證明自己是對的。如果老公眞的出軌了，妳會難受。但比起這份難受，還有另一種痛苦妳不願意面對，那就是妳可能錯了，老公是對的，妳需要向老公道歉，承認錯怪了他。如果承認這些，妳一直以來強大的自戀就會崩潰瓦解。」

自戀是人的根本本性，從小嬰兒到成熟的個體，人要從全能自戀發展到健康自戀，從認爲自己是神發展到認爲自己基本上還可以。但如果一個人在嬰幼兒時期沒有發展好，導致他一直嚴重滯留在帶著全能感的自戀中，那這種自戀就太難被打破了。這時，人們去破壞心理邊界常常是爲了將某種問題歸咎於別人，例如把「我是壞的」「我是錯的」變成「你是壞的」「你是錯的」。這位女強人就是一個典型的案例。

一個成熟的個體要懂得誰的感受誰負責。當一份關係或一件事令人不舒服時，如果持有「我的痛苦我負責」的想法，人就比較容易有動力去改變；而如果持有「我的痛苦你負責」的想法，人就會總想著去改變對方。

心理邊界與創造力

良好的心理邊界能讓我們在與別人相處時保留自主的權力，也能讓我們在壞情緒來臨時擁有主動改變的能力。

此外，良好的心理邊界還能讓我們擁有更好的創造力和想像力。因爲當你沒有心理邊界感時，會覺得想像是不自由的，你會覺得有一雙眼睛，而且是一雙苛刻的眼睛在盯著你，讓你不敢有超乎範圍的想像，於是難以發展出豐富的想像力，最終創造力也會受損。心理邊界等於爲你創造了一個空間，去容納純粹的想像。有了這個空間，就能控制好自己的想像力，不會讓想像發展成眞實的行爲。

前面講過，按佛洛伊德的理論，人在三歲以後會產生伊底帕斯情結，男孩想和爸爸爭奪媽媽的愛，女孩想和媽媽爭奪爸爸的愛。伊底帕斯情結註定只能停留在想像中，不能變成現實。不過，如果一個人沒建立好心理邊界，就會完全無法容納伊底帕斯情結，也就是幾乎完全不允許它在想像中出現。所以我有一種說法：在想像的世界裡，人可以擁有一切自由，你把那些最超出範圍的想像留在想像空間就可以，它不等於要變成行爲。像心理諮商，特別是精神分析，最重要的部分其實就是在一個被保護的、穩定的心理邊界內探尋個案的想像。

相對於地理邊界和身體邊界，心理邊界更高階。不過一般來說，都是因爲低階的心理過程得到了非常好的實現，然後它們內化到人的心靈，進而變成了更高階的心理過程。所以，如果你想有更好的心理邊界，或者想讓你的孩子有很好的心理邊界，以便發展他的想像力和創造力，那就先保護好自己或者孩子的地理邊界和身體邊界吧。

思考題

你一定看過不少美劇，比如《權力遊戲》等，為什麼它們這麼有吸引力？

你能從心理邊界的角度分析一下嗎？

04 建立財產邊界：構築保護心理的一道防線

邊界意識裡的最後一個邊界是財產邊界。你可能會想，財產這種明顯屬於身外之物的東西，爲什麼也會對心理有重要影響？這是因爲我們始終處在關係之中，難免會和他人發生利益關係，而對利益邊界的處理，會對我們的內心產生各種影響。

家庭中的財產邊界

有很多社會新聞事件都與財產邊界有關。例如，二〇一八年，瀋陽有一名男子跳河自殺。他是一位司機，收入並不高。但是他的哥哥好賭，他就用自己十四萬人民幣的積蓄幫哥哥還清了賭債，可是哥哥又透支了五萬人民幣並輸光，於是他只好賣車再幫哥哥還錢。可是，每個月的房貸本身就給他帶來了很大的壓力。這些壓力加在一起，讓他一時想不開，自殺了。

在我看來，這些事確實難辨，但如果這名男子能有清晰的財產邊界意識，或許就可以避免慘劇的發生。

在一個特別重視家人和家庭的社會中，想要有清晰的財產邊界意識並不容易。但你得明白，你的財產是你的，而不是「我們」的。一旦覺得你的財產是「我們」的，就必然會出很多問題。例如，你可能會失去上進的動力。

在做心理諮商的過程中，我聽很多個案說過類似的情況。從小父母就對他們說：「我們家就你最有出息，以後就靠你了。」這種說法會迅速帶來很大的壓力。他們會非常懼怕以後發展眞的很好，眞的得背上全家人一起前行。如果眞的會這樣，那他們寧願不要發展得太好。

我在思考這個問題時發現，**對於不能捍衛自己邊界的人來說，自卑竟然成了一種保護**。因爲如果不自卑，坦然承認自己的強大，他們就得承擔更多的責任；如果自卑，把自己認爲的能力降到眞實能力水準以下，他們就有了一個藉口——不是我不想背負太多責任，而是我沒有這個能力。

職業關係中的財產邊界

先來說一說我最熟悉的職業關係，也就是諮商師和個案的關係，你認爲兩者是什麼關係？我想很多人會認爲這是一種幫助與被幫助的關係。這當然沒錯，但同時也必須看到，諮商關係也是一種交易關係，個案付出金錢，購買諮商師的專業服務。

在心理諮商的工作中，特別重視「諮商設置」，也就是諮商師與個案的契約。例如，如果一位個案和諮商師約好，每週日下午兩點到三點是他們的諮商時間，那麼這個時間和相應的價格就要保持固定。條件好一點的資深諮商師，甚至會把諮商的房間也固定下來。如果個案確實遇到了特殊情況，需要變動，該怎麼辦？首先以契約爲準，其次才是根據特殊情況進行協商。關於如何處理諮商關係中的財產邊界，非常考驗諮商師的專業功力和在處理利益問題上的成熟度。

很多諮商師容易在金錢上向個案讓步。例如，有些個案收入不高，或者臨時遇到了困難，於是諮商師主動降低費用；也有少數情況是個案謊報自己的情況，明明收入還不錯，卻把自己說得非常可憐，試圖說服諮商師爲他降低費用，這就構成了對諮商師的剝削。實際上，在幫個案減價甚至是免費這件事上，資深的諮商師是非常謹慎的，因爲這涉及邊界的晃動。

諮商的根本目的是說明個案成長，讓他們走向成熟與強大。但如果諮商師給幫個案減價甚至是免費，就可能向他們傳遞了一個相反的資訊：鼓勵他們變得弱小——你越弱小，我越願意幫你，越喜歡你，和你的關係也越深。個案還會有這樣的感覺：如果我收入高了卻還維持這種費用，就是對不起諮商師；但如果諮商費恢復了原價，我就失去了在諮商師這裡的一份特別感——爲我減價顯示他重視我。總之，爲了維護這種感覺，個案可能會下意識地不去努力提高自己的收入。

此外，諮商師這裡還可能隱藏著一個含義：我比你強大。個案會因此體驗到虛弱感和羞恥感，甚至會在潛意識裡對諮商師產生憎恨。同時，如果諮商師太輕易地讓渡自己的利益，也是在教個案剝削自己，會導致個案輕視自己。

再來看另一種比較特殊的職業關係，也就是雇主和保姆的關係。保姆雖然跟雇主是雇傭關係，卻需要跟雇主生活、居住在一起。在這種微妙的關係中，更要注意財產邊界問題。

杭州曾發生一起保姆縱火案，保姆在雇主家縱火，導致女主人和三個孩子不幸身亡。一個家庭就這樣被毀掉了。是這家人對保姆不好，引起了她的仇恨和報復嗎？還眞不是。保姆月薪七千五百人民幣，要買房子時，雇主還借錢給她。後來發現她有偷東西的行爲時，雇主雖然報了警，但還是讓她住在家裡，給予改過自新的機會。在我看來，這家人對保姆太好了，好到讓她失去了邊界，特別是財產邊界。

薪資不是問題，哪怕月薪更高也沒問題，但借錢給她就是在破壞財產邊界，會讓她誤以爲自己借錢的行爲是正當的——「我付出了這麼多，你們就應該借錢給我。」

再舉個我朋友的例子。他也請了一位全職保姆，那位保姆做事認眞，人也善良，朋友很信任她，所以多次借錢給她，也沒把這件事放在心上。畢竟，我朋友的收入很不錯，這點錢對他來說不算什麼，而且他對這位保姆的確很滿意，打從心底把她當成家人。漸漸地，這位保姆也把自己當成這個家裡的一員了，在家裡特別有主人翁的感覺。慢慢地，她的行爲發生了一系列微妙的變化，比如做事不再那麼細心，開始偷懶了。可是，我朋友不是挑剔的人，覺得這不是什麼大問題。

再後來，這位保姆提出要跟我朋友借幾十萬人民幣買房子。朋友很詫異，不知道她怎麼會提出這麼離譜的要求，就拒絕了她。被拒絕後，保姆就抱怨說：「你收入那麼高，幾十萬不算什麼呀。」雖然她的情緒不算激烈，但我朋友一下子就驚醒了，覺得事情不太對，然後果斷辭退了她。

後來和我說起這件事時，我朋友說這位保姆最初是非常好的，也很尊重彼此的邊界，是他自己一再突破邊界，「誘導」保姆提出了很多不合理的要求。他說，如果能重新開始，他會嚴格遵守財產邊界，借錢就是借錢，必須還，同時也會在工作上對她嚴格要求。如果想對保姆好，可以提高她的工資，這樣得來的錢，她拿得也有尊嚴。總之，凡事都必須按照規則來。

利益關係中的「共生感」

聽完這位朋友的故事後，我跟他解釋了一遍「共生」的概念，他很有感觸，說把保姆當成一家人的感覺就是共生，但不應該這樣。雇主和保姆之間就應該是雇傭關係，而且因爲這份職業的特殊性，保姆會深度介入雇主的生活，所以更要時刻讓保姆意識到這是雇主的家、雇主的財產，不是「我們」的，更不是保姆個人的。

諮商師和個案、雇主和保姆，是兩種相對特殊的職業關係。諮商師和個案是長期固定的幫扶關係，但彼此之間又有金錢交易；雇主和保姆之間看似只有金錢交易，但保姆會深度介入雇主的生活。正是因爲這些特殊性，其中的財產邊界問題才會更顯而易見。看懂了這些，就能更容易理解其他職業關係中的財產邊界問題了。

例如，同事之間請客吃飯，誰買單？老闆過生日，你要不要以個人名義送禮物？想合作的一位大客戶要求你幫他辦私事，你該不該幫？可以想想遇到這些問題該怎麼辦。

但總體來說，不管是在家庭裡，還是在職業環境裡，都不要輕易給別人共生感，更不要在金錢利益上真的讓對方覺得你們是一體的。否則，等有一天你覺得不對勁，想從「我們」退回到「我」和「你」時，對方就會有怨氣。不誇張地說，清晰的財產邊界意識有時是可以用來保命的。

財產必須是有邊界的，只有當這一點被充分尊重並得到保障時，人才會有動力去創造更多的財富。所以我強烈建議，不管在什麼方面，都不要著急讓渡自己的利益，不要用這種方式展示自己的助人胸懷。

我甚至還狠毒地講過一句話：**「成熟的人講利益，幼稚的人講情懷。」**這句話曾經受到了很多批評和嘲諷，不過我自己卻越來越堅持。畢竟，處理利益關係不正是這個世界上最難但也是最關鍵的事嗎？最好的政治家和企業家不都是能處理利益關係的頂級高手嗎？

思考題

你如何看待利益關係？你對財產的邊界是如何劃定的？

05 當他人侵犯你的邊界時，該如何防禦

邊界非常重要，但不可避免地，總有人會想突破你的邊界，甚至已經有人占據了你的地盤。那到底該怎麼守住自己的邊界呢？這一節就來講幾個有效的防禦性手段。

不含敵意的堅決

「不含敵意的堅決」是由自體心理學創始人海因茨．科胡特提出的，意思是我拒絕你，態度特別堅決，可是我沒有敵意。這是樹立邊界意識最好的方式，不過，最好的方式有時只是看著容易，做起來可能很難。

舉一個我自己的例子。讀研究所時，媽媽就開始對我逼婚，而我初中時就有了明確的想法，那就是有愛情才結婚，並且早早地堅定了頂客族的想法。可是我媽媽是一個觀念傳統的農村老太太，該怎麼辦？我身邊也有朋友遇到這個問題，他們的

做法通常是在口頭上答應媽媽，但行爲上拖著，結果就變成了不敢回家，整天躲著媽媽。我覺得我不能這樣，必須和媽媽談一次，讓她知道我的想法是什麼，並且讓她明白我不會改變，可是我又不想讓她生氣，這該怎麼辦呢？

當時我還不知道科胡特的這個術語，但我本能地使用了這一原則。有一次回家前，我對有關戀愛、結婚、成家的事情進行了充分地思考，決定回家待一週和媽媽敞開談一談。

剛開始那兩天媽媽很開心，因爲她發現我終於願意談這個話題了。不過，她的高興中其實藏著一個前提——她認爲自己的想法是合理的，並且能說服我。可是，在談話過程中我並沒有讓步，而是不斷闡述自身觀點，她也感受到了我的堅持。過了三、四天後，她談話的熱情就沒之前那麼高了。這很容易理解，畢竟誰也不願意輸，但我態度又很好，所以媽媽也沒有生我的氣。

到了最後兩天，媽媽開始躲著我了，她開始害怕和我溝通。後來，她再也沒有在結婚生子這件事上強求過我什麼。現在我四十多歲，沒有結婚、沒生孩子，但活得越來越好，她對我也就沒什麼不放心的了。

這個故事是非常典型的不含敵意的堅決，我到處講，教會了不少人這個方法。

很多人說非常好用，但也有人說沒有用，爲什麼呢？因爲媽媽不是我的「殖民國」，我也不是她的「殖民地」，她從來沒有打罵過我，我們交涉起來自然就容易很多。然而，現實中很多人還處於「殖民地」的位置，他人覺得可以支配你，自然也就不願意輕易放棄自己的權益。在這種情況下，你要會戰鬥才行。所以接下來，我就教給你更多技巧，它們一個比一個還有戰鬥力。

從小事開始拒絕

特別是維護親人之間的邊界，可以從小事開始拒絕。

一切共生關係中都必然存在著剝削。精神分析理論認爲，一歲前嬰兒和媽媽的關係就是剝削與被剝削的關係。當然，正常的母嬰關係必然是嬰兒剝削媽媽。但如果發展成病態共生關係，大多就會變成強而有力的一方剝削虛弱的一方。

如果親子或伴侶關係間存在著嚴重的剝削，而你又不想斷絕這份關係，那你可以從小事開始拒絕。

我的一位女性讀者分享過她的一個故事。有一天她要加班，於是打電話給媽媽說不用等她吃晚餐了。可是，等她八點多加班結束回家後，發現媽媽、丈夫和孩子都沒吃飯，都在等她。那時，她有非常強烈的「被綁架感」，她覺得媽媽潛意識中想用這種方式逼她就範，讓她以後早點回家。所以，她對媽媽說：「我今晚不吃飯了，以後再有這種情況我也不吃。」她樹立界線的努力奏效了，後來這種事再也沒有發生過。

吃飯這件事雖然很小，但我的很多個案和朋友都試過從吃飯這種看起來很小，卻又每天都在發生的事情開始，堅決地表達並維護自己的意志。例如，有朋友想自己盛飯，這樣他可以決定吃多少、盛多少，可是每次媽媽都搶先幫他盛好，而且一定會盛很多。他決定改變這件事，而他的做法是，如果媽媽幫他盛了，他會說「謝謝」，但一定會把飯從碗裡去掉一些。有些時候，他還會把飯倒回鍋裡，然後再自己盛。大多數時候，媽媽都沒有什麼情緒，但也有時會失控質問他。遇到這種情況，他就會耐心地對媽媽說：「我就是想自己盛，這樣可以決定自己可以吃多少。」這樣堅持了一段時間後，媽媽最終接受了他的做法。然後他發現，媽媽在其他事情上，對他的控制也明顯少了很多。

所以，從小事開始堅決表達自己的意志，是一個維護邊界的好辦法。

尊重事實，駁回情緒

從小事著手的方法一般適用於關係親密的人之間。但如果是跟關係一般的人，甚至是跟陌生人，而你又特別不擅長爭辯，那該怎麼守住自己的邊界呢？方法就是尊重事實，駁回情緒，這也是溝通中的重要原則。

我們在講話時會傳遞兩層資訊，即事實層面的資訊和情緒層面的資訊。不講事實的人就是只會胡亂蠻纏，和他們吵架，只要冷靜一點，抓著他們談事實就可以了，如果還有旁觀者，那吵贏他們就會更容易。所以，但凡是腦子比較清楚的人都知道要講事實，然後在講的時候把自己的情緒傳遞出去，投給對方。如果對方傳遞過來的情緒是好的，你願意接受，那不妨接過來，讓它流動。但如果你感覺對方傳遞過來的是情緒垃圾，而你並不想容納這種情緒，那就該駁回。例如，我的一位好友大學剛畢業時找的第一份工作是老闆祕書。有一天，老闆蹺著二郎腿，突然輕飄飄地扔出了一句話：「我一天賺的錢比你妳年賺的都還多。」我朋友愣了一下，覺得莫名其妙，然後扔了一句話回去：「是啊，你說的對，我一輩子可能都賺不了你一年賺的錢，可是你很累啊，我不想過你這樣的生活。」這就是對事實給予了承認，而把垃圾情緒駁了回去。

非常有意思的是，之後這位老闆改變了對她的態度，對她表現得非常尊重。這份尊重是她自己贏來的，因爲捍衛了自己的心理邊界——雖然你是老闆，但也別想把你的情緒垃圾扔到我這裡來。

很多人會認爲那是老闆啊，是不是應該討好一下？但事實上，如果你把他的情緒吃進去，就意味著你在屈從於他，這就鼓勵了他以後繼續鄙視你。我知道很多例子，哪怕是面對很不好惹的權威，只要能這樣和他們溝通，就能獲得尊重。相反，即使你是權威的一方，如果總是吃別人的垃圾情緒，你也會逐漸喪失權威。

這是我的事，那是你的事

如果有人想破壞你的邊界，就告訴他「這是我的事，和你無關」；如果他想把你拉進他的邊界而你不願意，就告訴他「那是你的事」。

這裡我要特別推薦一下《言語暴力》這本書。作者派翠西亞．伊凡斯在書中講了一個自己的故事。有一次，她講完課坐著休息，突然聽到一個聲音對她說：「笑一下。」她一開始以爲那不是在和自己說話，便沒理會。結果，那個聲音再次響起，她抬頭一看，發現那是一位聽眾，應該是在用這種方式和她打招呼。可是，她很不喜歡這種方式，覺得這是在教她怎麼做，爲一種經典的控制方式。所以，她給出的反應是：「什麼？」

當那個人再次說「笑一下」，而她再次問「什麼」時，那個人可能感受到了自己剛剛的行爲很冒犯，就主動離開了。

總結一下，如果有人想侵入你的邊界，或者想拉你進入他的邊界，你可以採用以下四種防禦性手段：

一，不含敵意的堅決；

二，從小事開始拒絕；

三，尊重事實，駁回情緒；

四，這是我的事，那是你的事。

思考題

本節講的是我總結的維護邊界的防禦性手段，你在這方面有什麼成功的做法，讓你既能不破壞關係，又能守住邊界嗎？

06 當你的邊界被打破時，該如何反擊

上一節講了守護邊界的防禦性手段，這一節來講講守住邊界的進攻性手段。先來明確一下什麼時候防禦，什麼時候進攻。當一個人總用一種方式對待你，而且即使你使用了防禦性手段也不能完全杜絕時，使用一些進攻性的手段就非常必要了。

切中核心

我認爲，切中核心是處理華人家庭關係中邊界問題的一個大招。

切中核心就是直接、清晰地告訴對方你的想法。例如：「你把事情說得那麼複雜，不就是爲了一個目的？讓我聽你的，按照你的來？但是，我爲什麼要聽你的？」沉溺於共生關係的人都在試圖控制對方，讓對方聽自己的，按照自己的意志來。但一般情況下，人們都不會直接說「你必須聽我的」。大家都知道，要爲自己不那麼正確的權力欲望增加一些正確的「名義」有很多種表現方式，比如：

・「我這麼愛你，你為什麼不聽我的？」
・「我這麼辛苦，你為什麼不聽我的？」
・「我這麼無助，你為什麼不聽我的？」
・「我是你爸媽，你就得聽我的。」
・「我身體不好，你不能惹我生氣，你必須聽我的。」
・「我見識比你多，你要聽我的。」
……

所以，如果你發現對方說來說去，就是想要你按照他的意志來，你可以不去做複雜的辯論，而是直接講明白：「你不就是想讓我聽你的嗎？但你是你，我是我，我爲什麼要聽你的？」在生活裡，有時我們要花非常大的力氣去爭辯一個道理，因爲這裡面藏著一個邏輯：誰有道理，就得聽誰的。所以，不僅控制的一方在不斷講道理，被控制的一方也會使勁講道理。很多人認爲，只要把符合自己利益的觀點講得很有道理，就可以讓對方聽自己的了。但有邊界意識的人都知道，我是我，你是你，如果純粹是我自己的事，不管你有沒有道理，我都沒必要跟你爭辯。

舉個例子，在戀愛關係中，很多人會因爲一點小事不如意，就把它上升到「你到底愛不愛我」這個終極拷問上。其實，在這樣的對話中，愛只是一個幌子，最根本還是「你必須聽我的，必須按照我的意志來滿足我的自戀」。所以，他們不是在問「你愛不愛我？」而是在問「你要不要聽我的？」

我身邊有很多女性對我說過，不少女孩最初戀愛時都抱著這麼一種感覺：你愛我就得聽我的。發展到極致，這會變成要找「二十四孝」男友或者老公。爲了避免爭執和矛盾，有些男性會主動討好女性，迎合她們。但我要說出一個殘酷的事實：**戀愛中，越是聽對方的話，可能越不容易贏得對方的愛，因為我們需要的是能擊破自己自戀的人。**雖然有點殘酷，但人就是這樣的。如果你無條件地聽對方的，對方就會覺得你只是他自身的一部分，反而會覺得很孤獨，因爲他要尋找的是另一個完整的人。所以，當你戳破了對方的自戀，就等於告訴對方：我是一個完整的人。這時，對方反而會有眞切的遇到你的感覺。

讓對方感到痛

如果前面講的都行不通，就需要使出具有破壞性的一招了——讓他感覺到痛。

攻擊性有一個重要功能，就是直接樹立界線。你侵入我的界線時，我發揮自己的攻擊性讓你痛，告訴你這是我的地盤，我不是你可以隨意入侵的人，也不是你想怎樣就怎樣的。這種痛可能是心理上的痛，也可能是身體上的痛。

我的一位個案說，她的媽媽已經快八十歲了，前兩年來到了廣州和她一起生活。媽媽在家裡是說一不二的，在她還小的時候，如果不聽話，媽媽對她非打即罵。她長大了一點後，如果不聽話，媽媽就會瘋狂地鬧，讓全家雞犬不寧。於是，孩子們和爸爸一起達成了一個共識——別惹她。例如，關於怎麼在垃圾桶上套塑膠袋，媽媽就有自己的一套做法，並逼迫所有家人都按照她的做法來。

這次媽媽來了她的地盤後，不知爲何，她產生了一種執著的念頭：反過來教媽媽該怎麼在垃圾桶上套塑膠袋。剛開始時，她一教媽媽，媽媽要不暴怒，要不痛哭，有時甚至會躺在床上說：「妳氣死我了，我不想活了。」爸爸勸她別和媽媽鬧，因爲媽媽身體不好，而且一輩子都這麼不好惹，就別招惹她了。身爲諮商師，我雖然不是很明白她到底在幹嘛，甚至有些許不安，但這畢竟只是我的個人感受，而且精神分析取向的諮商師通常也不會給個案提建議，所以我只是和她探討她這是怎麼了，並不會向她提出建議。

圍繞著垃圾桶的事，她跟媽媽爭鬥了三個月。突然有一天，媽媽能用幽默的方式駁斥她了。這是很有意思的部分，她的感覺是，媽媽的內心變得堅固了，不再一被挑戰就崩潰了。然後，她也不再強求媽媽按她的方式給垃圾桶套塑膠袋了。

針對這件事，我的總結是，這位個案用三個月的時間讓媽媽「痛」，讓媽媽知道了這個家不是她想怎樣就怎樣的，每個人都有自己的想法，不會都按照她的想法來。如果她非要入侵別人的界限，別人就會讓她痛。

這份疼痛讓她意識到，自己的孩子也是獨立的人，不是自身的一部分，她們之間是有邊界的。此前，她脆弱是因爲她覺得別人就該聽她的，而當別人不聽她的時，她就會很痛苦，這是沒有邊界的表現。但當她懂得即便是家人也不是她個體的一部分，也會不如她所願後，她變結實了，因爲她有了一些邊界意識。

反擊霸凌

最後再來談一種比較特殊的情況，那就是面對霸凌，我們應該怎麼做。這裡的霸凌不僅僅是校園霸凌，也包括親人之間的霸凌。

當有人闖進你的地理邊界，而你一再要他離開，最終失敗，你得知道這是霸凌，需要用更強而有力的方式請他離開。當有人在身體上霸凌你，你需要在身體上發起反擊，如果做不到，就需要找人來幫你；當有人在心理上霸凌你，你需要在心理上發起反擊；當有人在金錢上霸凌你，同樣，你需要回擊他。

在做心理諮商時，我遇到很多個案的孩子都曾在學校受到霸凌。基本上，這些家長都有一些行爲上的共通性，我將其分成了兩類：第一，他們根本不會使用肢體力量保護自己，也難以使用語言暴力回擊別人，而他們的孩子也認同了這樣的方式；第二，他們經常攻擊孩子，不允許孩子還擊。

對於後一種家長，他們要邁出的第一步很困難，就是承認自己是孩子的霸凌者。當他們承認了這一點，並向孩子道歉後，孩子很快就會發生一些改變。

對於前一種家長，他們需要意識到，他們認爲的善良其實是軟弱。他們把自我保護視爲錯誤的，但其實是自身的經歷讓他們不敢使用身體和語言暴力，因爲擔心這樣做會招致更嚴重的懲罰。當意識到所謂的善良其實是軟弱後，就可以教孩子如何使用「讓對方感到痛」的方式保護自己，當孩子做不到時，也必須出面保護孩子。

家人間也是這樣的。例如，我的一位個案在剛來諮商時有嚴重的產後憂鬱症。我處理過不少類似的個案，發現她們基本都有一個嚴重的問題，就是在家裡沒有權力，不會保護自己，於是會受到很多剝削並被欺負。這位個案就非常典型，雖然生了一個兒子，但在家裡，她是最沒有地位的——婆婆地位最高，其次是老公，之後是老公的家人，而在老公的家人中，地位最低的是公公；在這些人之後，先是孩子，而她是最後一位。

不過，隨著諮商不斷進展，她的自我越來越有力量，越來越能保護自己了。後來，她把公婆從家裡請走，並多次向老公的家人強調：「你們到我家裡來，必須知道我才是主人，你們是客人。搞不明白這一點，我家就不歡迎你們。」對老公，也越來越能顯露出眞實的脾氣，甚至變得有點不好相處。後來，老公對她說：「以前妳很乖，我喜歡妳那個樣子，但說實話，我不尊重也不愛妳。現在，妳脾氣眞壞，有時候我特別生氣，但我越來越需要妳，也越來越離不開妳，開始愛妳了。」

這是人際關係中的一個基本眞相：**有邊界、有自我的人會不好相處，但只有這樣的人才會被尊重，才有可能被愛。**

課後調查

你是否有過這樣的轉變：本來對自己的某種行為或心理滿驕傲的，覺得自己是個好人，但後來卻發現它帶給你的是被人看不起，帶給關係的也是破壞。

然後，你有了意識的覺醒，開始改變。當你變得「不好惹」之後，別人反而更尊重你，你們的關係也變得更好，而你也變得更喜歡自己了。

第五章
完成心靈的分化

春滿大地。但在我們內在，有另一種合一。
在這裡的每隻眼睛背後，有一片泛光的水面。
在風中，森林裡的每一個樹枝搖晃起來都各不相同，
但當它們搖動，它們的樹根彼此相連。
——魯米

引論

分化，讓你的世界變得複雜而又清晰

我曾經在微博上做一個調查：你什麼時候開始清晰地意識到什麼樣的另一半適合你，什麼樣的朋友和你處得來？我還請網友們講得具體一點，說說是怎麼意識到的。

這是一個很實在的問題，最終有數千人給出了回答。其中，很常見的一個回答是：和某人分開後。這個某人中，有伴侶，也有父母。例如，有一個獲得數百人按讚的回答是這樣的：「最近，我開始和父母真正心理分離，允許自己和他們有不一樣的命運，內心開始持有美好的願景，包括工作和感情上的，並相信自己能遇見。」

看了這些回答，我不禁感慨，雖然我們崇尚親密，懼怕分離，但有太多覺醒都是從分離開始的。

說到分離，最原始的就是和母親的分離，這也是本書要著重為你講解的內容。第一章和第二章講的是母子共生，第三章到第五章講的是嬰幼兒與母親的分離，對應的是總論中提到的分離與個體化期的前三個亞階段。其中，大約四、五個月到十個月被瑪格麗特．馬勒稱為分化與軀體意象期，不過，本章談到的分化不僅僅是「分化與軀體意象期」中的分化，它的含義要更廣泛一些。

本章所說的分化，是指一個人能認識到不同事物之間是有差別的。分化的種類非常多，但最關鍵的是你我的分化。也就是說，孩子逐漸意識到「我」和媽媽是兩個人，我們的身體是分開的，心理也是有邊界的。一些基本的分化發生後，孩子的世界就從共生的混沌世界變得複雜而清晰了。

在「得到App」上，很多老師都講過與複雜相關的話題。我記得羅胖（羅振宇）曾在一集《羅輯思維》節目中發問：「你敢讓自己變得複雜嗎？」複雜很重要，而分化就是複雜化的開始。分化有非凡的意義，也可以幫助我們理解生活中的很多現象。

在開始學習本章的內容之前，請你先思考兩個問題：

一，你覺得你對待別人的方式能因人而異嗎？你覺得這種區別對待合適嗎？

二，你能好好把握事情的輕重緩急嗎？

如果你的答案是不能，或者不夠確定，那麼本章內容應該能為你好好說明。

01 你我的分化：讓你可以與他人溝通

引論裡講到，各種分化中最關鍵、最基本的是你我的分化，也就是真切地認識到我是我，你是你。還可以這樣理解，「我」是內部世界，而「你」是外部世界。也就是說，你我的分化還意味著一個人能區分內部世界和外部世界了。

看到這裡你可能會覺得，分化的概念也太簡單了吧？這難道不是誰都能意識到的嗎？按理說，這是一歲多的幼兒就應該發展出來的心理能力；但實際上，很多成年人都沒有發展到這一步。

精神疾病中的「你我不分」

如果一個人在意識上不能區分「我的」和「你的」，這就是很嚴重的問題。從一些極端的情況來看，很多精神疾病的症狀就包括「你我不分」的邏輯。

例如，偏執型人格障礙患者和偏執型精神分裂症患者的偏執一旦啓動，就會表現爲他們認爲事實是怎樣就是怎樣。有被害妄想症的患者則會對自己的妄想深信不疑，認爲自己遇到的不幸和災難都來自某個人或某種勢力的系統性迫害。最信任的人可能會把你視爲自己人；可是一旦你和他們爭辯，不相信他們的說法，就很容易把你也劃到那個由迫害者構建的體系內。

同樣，如果有一個人對你產生了鍾情妄想，也就是認定他愛上你，你也愛上他了，那麼，你也很難讓他相信這不是眞的，因爲他會認爲你所有的言行都是在表達愛意，如果嚴厲地拒絕他，他就會認爲這是在考驗他。

比偏執更嚴重的還有幻覺，例如幻聽，即聽到並不存在的聲音，以及幻視，即看到並不存在的東西。除此之外，這些有幻覺的患者還容易伴有透明幻覺。例如，他們會有一種被洞悉感，覺得不用溝通，別人就可以輕易看到他們在想什麼。如果你和他們打過交道，就會體會到交流的困難——他們認爲你是怎樣的，就會把這種理解視爲關於你的眞相，怎麼辯解都沒用；如果你辯解，他們只會認爲你在狡辯。也就是說，這些患者會認爲，「我」對「你」的認識就是關於「你」的事實。更準確地說，就是他們認爲「我」的內部世界對「你」這個外部世界的想像，就等於關於「你」這個外部世界的事實。這種情況也是典型的沒有邊界意識。因爲沒有一個邊界擋在你我之間，所以你可以隨意地進入我的世界，我也可以隨意地進入你的世界。

普通人都知道，人與人之間互相理解不是一件容易的事，需要進行很多溝通，而在此之前，自己對對方的認識都是推測和假設。其實，這種認知就建立在你我的分化已經實現的基礎之上。所以說，**邊界意識不僅僅是現代社會的通行規則，也是更高的心理發展水準的表現**。當沒有邊界意識的情況非常嚴重時，不僅會帶來人際關係上的混亂，還可能存在一些嚴重的心理問題。本節列舉的精神疾病症狀都是比較極端的例子，目的是讓你更容易理解到底什麼情況屬於你我不分。

孩子如何實現你我的分化

說到孩子該如何實現分化，我又要強調六個月到二十四個月這個時間段，因爲這是嬰幼兒實現分化的關鍵時期。這段時間內，家長只需要做一件事，那就是允許孩子說「不」。

不知道你有沒有注意過，孩子會說話後，除了常說「媽媽」「爸爸」這種對家人的稱呼，很早就會說這兩個詞——「不」和「我來」。這兩個詞對成年人來說很簡單，但對孩子來說有重要的意義。

說「不」，其實就是孩子在和媽媽劃開邊界，主動把媽媽從自己身邊推開。說「我來」，則是表示我發出的動力和意志，要自己完成。當孩子能做到這一點時，他就實現了「外化」。而在瑪格麗特．馬勒看來，六個月到二十四個月大的孩子心理發展成功的標誌就是外化的實現。

那麼，究竟什麼是外化呢？簡單地說，可以認為它是「外向」的近義詞。

說到這，我想問你一個問題：到底是內向好還是外向好？你肯定會說，如果內向和外向都是一種天然氣質，那就沒有好壞之分。這一點沒錯。但如果內向是一種封閉和退縮的心理狀態，那它可能就意味著本該在兩歲前完成的外化沒有實現，甚至可能意味著本該在六個月前發生的共生也沒有實現，於是導致一個人還處於自閉之殼中。如果一個人沒有實現外化，那他就難以把自己的手腳向外伸展，做事時也會顧慮重重、畏首畏尾。而當孩子表達「不」和「我來」這種意願時，就是在向外伸展手腳，媽媽或者主要養育者一定要尊重這一點，不能總是替孩子解決問題。

如果孩子表達「不」卻失敗了，就意味著養育者入侵了他的邊界。如果養育者不顧孩子「我來」的願望而幫忙解決了某個問題，本質上這就成了「你來」。雖然這樣做看似幫孩子解決了一些問題，但卻破壞了孩子外化的努力。

六個月前的共生期是「你來」，嬰兒發出的所有動力都要母親替他完成。但六個月之後，就不能再「你來」了。養育者必須知道，雖然嬰幼兒看上去只是在吃喝拉撒睡玩，但這些事情其實具有巨大的價值——他們不僅要掌握這些基本技能，還能在掌握這些技能時，實現很多心靈發展的議題，例如你我的分化和外化。

當然，幼小的孩子並不能獨立完成這一切。所以，**在三歲前，養育者需要有「容器」的功能——當孩子把事情做好時，認可他；當孩子遇到挫敗時，支持他。**這樣做不是爲了幫孩子解決各種問題，而是爲了滋養他的自我。而且，三歲前的孩子還沒有發展出抽象意義上的「我」，也沒有內化出一個「你」在心中，所以需要有人陪在他們身邊。

成年人如何實現你我的分化

我之所以著重講如何幫孩子實現分化，一是希望能讓正在養育孩子的人不錯過最佳時期；二是因爲對成年人來說，基本原則是一樣的，只不過難度和所需的時間會大大增加。

如果一個人沒有實現你我的分化，還因此有了一些精神疾病的症狀，那他成長起來就會非常不容易。

如果一個人在各個方面都基本正常，只是沒有很好地完成分化和外化，那培養各種邊界意識是非常有用的，可以幫助他完成分化。關於如何培養邊界意識，可以閱讀本書第四章的內容。

如果一個人發現自己不是天生的內向，而是處在一種不舒服的封閉、退縮的心理狀態，那就要有意識地做出各種努力，把動力、意志延伸到外部世界。你可以檢測一下自己是否能順利表達「不」和「我來」的意願。如果不能，建議用本節的知識重新審視一下內心，然後試著從一些小事開始練習，例如吃飯、穿衣，努力把意志伸展出去，自己做主。在取得了一些小的成果後，再逐步試著做一些更大的事，例如在工作中表達觀點和想法。

如果發現自己的情況很嚴重，或者沒法判斷自身的情況，建議你向專業的心理諮商師求助。

思考題

請觀察一下，在你身邊，家長的哪些做法是在破壞孩子的分化或者外化過程？我相信這個觀察的過程能幫你更好地理解分化和外化，也能讓你做出更多的改變。

02 關係的分化：讓你懂得把握分寸

前面講過，最原始的關係就是母嬰關係，而且六個月前的嬰兒和母親是混沌的母嬰共生體。也就是說，嬰兒覺得我就是媽媽，媽媽就是我。

不僅如此，幼小的嬰兒還會有一份延伸的感知——我就是世界，世界就是我；我就是萬物，萬物都是我。這比母嬰共同體更加原始，而且這樣的認識可以幫助我們理解一些現象。

從共生到分化

如果一個普通人總是心懷天下，想著拯救全世界，以至於嚴重忽略了自己的生活，這可能是他把最初的共生關係直接投射給了世界。也就是說，他在生命初期覺得自己和母親乃至世界是共生的，成年後仍然覺得自己和整個世界是渾然一體的，所以要爲這個世界負責。如果說他對世界有一種深沉的情懷，同時也過好了自己平凡的生活，擁有豐富且複雜的情感關係，那這種情懷可能是一種成熟的情感。但如果他的生活無比單調，卻心懷天下，那就需要警惕了。

一個人需要從原始共生的混沌狀態不斷分化。可以說，最初的母嬰共同體是「一」，孩子需要不斷分化，先是完成與媽媽的分化，進入「二」的世界；然後意識到爸爸的存在，進入「三」的世界。此後，世界對他來說就會變得複雜很多。可以說，父母與孩子的這種三元關係，是孩子之後人生各種複雜關係的基礎。

其實，這種關係的分化可以很直觀地看到。如果去觀察一個孩子的成長就會發現，最初孩子只在乎媽媽，後來也開始在乎起爸爸來。而上了幼稚園之後，很多父母會覺得孩子對老師的在乎勝過了對他們的。此外，孩子還會逐漸對同齡人感興趣等等，再大一些可能還會狂熱地追星。成年後，一個比較成熟的人會根據他人與自己關係深度的不同，自然而然地對其產生不同的情感，越是與自己關係深厚的人，就會越在意，對追星這種活動的熱度也會降下來。總之，他們能更以自己爲中心，來建構一個複雜、現實的眞實世界。

假如一個人對他人做不到這樣差別對待，而是對所有人都一視同仁，那這種爲人風格可能會被一些人美化，但這並不是一件好事。你發現了嗎？關係的分化完成得好，放在現實生活的語境裡，就是我們常說的有分寸感。在不同的關係中，要把握不同的分寸。而對關係的認知清晰了，就能明白對待家人、明星、陌生人應該有不同的分寸感。

人性極其複雜，我們需要一張複雜的關係網來承接不同的人性。

理清生活中的亂局

我的一位個案是位女士，她覺得婚後的生活非常痛苦，因爲她總是感覺自己被丈夫一家人排斥。她丈夫說過：「我們一家人非常親密。」婆婆有幾次乾脆對她說：「妳怎麼一直都沒弄清楚自己的定位？妳就是個外人啊！」

婆婆是這個家族的主事者，丈夫也是家族裡的核心人物，他是一位事業有成的企業家，是整個家族的精神支柱。既然大家都是一家人，那帳就不能算得太清楚了。但這位女士卻觀察到丈夫的弟弟、妹妹和其他家人，個個都用力地把錢往自己的口袋裡塞，可是她不能指出來，否則就會被婆婆一家人攻擊，說她在找碴。丈夫也會因此埋怨她，偶爾會對她暴怒，覺得她在破壞一家人的團結和感情。和丈夫溝通時發現，他對公司的這些情況都很清楚，也覺得這樣很不合理，但就是不能爲此做些什麼。

生活在這個家族裡，這位女士常常感覺自己像是陷入了黏稠的沼澤地，完全動彈不得。感覺到黏稠、不清爽是關係沒有分化的基本表現，這會在家族和企業中造成一種亂局。我們常說「家人之間不能分得太清楚」，用這種認知去處理家庭問題還好，畢竟你可能已經習慣了這種模式，但如果將這種認知帶到公司，就很容易使公司發展遇到瓶頸。

後來，這位女士勸丈夫引進投資，等投資人進駐後，又逼迫他逐漸放棄家族式管理，啓用現代化企業的管理模式。這引起了很多衝突，但轉變還是發生了，企業也走上了更好的發展道路。而且還帶來了另一個好處，那就是原來攪成一鍋粥的家族成員開始走向分化，開始分出了彼此。最後，這位女士終於感覺有了屬於自己的小家庭。

這種故事在我們的社會中並不罕見。很多人結婚後，重心還放在自己的原生家庭，不僅沒有完成和母親的分離，也沒有完成和原生家庭的分離，結果也就沒辦法眞正把自己的家當作生活的核心。

父母對孩子說「不」

上一節講到，孩子對媽媽說「不」非常重要，其實，父母對孩子說「不」同樣很重要。**當孩子對媽媽等養育者說「不」時，是他在主動劃分邊界，而養育者對孩子說「不」時，也是在給孩子劃邊界。**概括來講，父母等養育者需要做到兩點：一是給孩子提供基本滿足，讓他的動力和意志伸展出來；二是該拒絕時拒絕，這會讓孩子明白關係中是有邊界的，沒有誰該被誰支配。

不只是在親子關係中需要這樣，其他關係，比如職場關係中也是如此。前面提到過，心理諮商師和個案之間是職業關係，個案要爲諮詢付費，雙方要約好時間，且雙方都要守約，不能在諮商之外有其他關係等。這些設置就是邊界，如果個案想突破邊界卻被拒絕，雖然他會失望、憤怒或受傷，但這會帶來很多好處。

來看一個我做諮商時遇到的案例。這位個案是一個年輕迷人的女孩，她說她愛上我了，而且她的愛非常濃烈。但她是個敏感、脆弱的人，這讓我擔心自己的拒絕會傷害到她。不過，做爲一個比較有經驗的心理諮商師，我還是坦然地拒絕了。我的拒絕爲她帶來了很強的情緒，但再次來見我時，她說自己一開始很失望、很受傷。

可是，她有過戀愛經驗，當她腦海中充滿對我想像中的愛時，她沒有去分辨這兩者之間的不同。但被我拒絕後，她冷靜了一些，然後比較了對我的「愛」和對戀人的愛，發現兩者是不一樣的。她對我的愛更像是對親人的愛，特別是對父親的複雜情感。透過這樣的探討，我們談出了她更多、更複雜的戀父情結。可以說，我對她的這次拒絕，在很大程度上推動了她在關係上的分化。而這樣的分化，也讓她在未來對關係的處理上更能把握分寸。我在諮商中還發現這樣一種現象：有些人喜歡上一個人，和一個人有些親近了，就會想要和這個人發生性關係。我認爲這並不是性的動力在驅動，而是因爲沒有實現關係的分化，甚至是沒有實現情感的分化。如果能逐漸完成關係的分化，這些人就會眞切地懂得關係和情感是各式各樣的，也會懂得如何把握關係中的分寸。

用影視劇來舉個例子。電視劇《九州縹緲錄》中有三個重要角色，分別是男主角呂歸塵、女主角羽然和女主角的男友姬野。他們彼此之間的情感都很深厚，羽然非常有主見，始終知道該如何處理三個人的關係。她和呂歸塵雖然相互吸引，但呂歸塵對她而言就是摯友，她和姬野才是戀人關係。可以說，編劇對這一分寸把握得很清晰。不過，很多觀眾對這種安排不滿意，認爲男女主角更適合在一起。我覺得，有這種想法的觀眾，恐怕就是關係分化發展得不夠。

⌛

總結一下，關係的分化是指一個人逐漸能分清楚不同的關係，如親人、朋友、愛人、同事、上下級和陌生人等，進而把握好關係中的分寸。如果一個人能把握好關係中的分寸，該拒絕時拒絕，該加深時加深，對進一步實現關係的分化、建構更深厚的關係有重要意義。此外，關係的分化還可以衍生出情感的分化、道德的分化，如愛與恨、善與惡等。可以說，因爲人與人的關係很複雜，由此而產生的關於分化問題也有很多種類。

思考題

關於關係的分化和情感的分化，你還能想到什麼？

03 骯髒與乾淨的分化：讓你學會掌控情緒

骯髒與乾淨，從表面上看很容易理解，但從精神分析的角度來看有什麼含義呢？我從一個小案例來講起。之前有過一則新聞，說一位老人在公車上喋喋不休地罵一位女士。爲什麼呢？這位女士本來坐在他旁邊，後來換到了另一個座位上，他認爲這位女士是覺得他臭才離座的，所以很生氣。

這看上去就是一則普通的社會新聞，你可能會想到道德教養等方面的問題，但我看到的是這位老人的心靈還嚴重滯留在混沌共生中，我有以下幾個理由：

第一，他把自己對別人的想像直接當作現實來對待。他認爲這位女士換座位是因爲覺得他臭，就把這當成了現實來對待，即典型的你我不分。

第二，他輕易地辱罵對方，這是越過了邊界、攻擊對方。

第三，換座位是別人的自由，我們不應該覺得自己有在公車上干涉另一個人的自由，就算因此有了情緒也不應該輕易發洩出來。此外，就算一個人身上眞的有氣味，也應該允許別人跟自己保持距離，但這位老人認爲不可以。所以總體來講，我認爲這是因爲他沒有完成骯髒與乾淨的分化。

對骯髒的管理

從精神分析的角度來看，骯髒與乾淨是一組非常重要的矛盾，也是三歲前的孩子需要完成的一個關鍵分化。

依照佛洛伊德的理論，一歲前的嬰兒處在口欲期，一歲到三歲的幼兒則處在肛欲期。肛欲期的重要矛盾是大小便訓練，我認爲這就是對骯髒的管理。

訓練孩子大小便時，需要遵循一個重要的基本原則——不能對孩子太嚴厲，應該幫助他逐漸掌握對大小便的管理。因爲如果過於嚴厲，就會讓孩子形成他律他制的心理，還容易導致吝嗇、潔癖等強迫性的心理問題；相反，幫助、引導則會讓孩子形成自律自製的心理。這兩種方式都可能會讓孩子變得尊重規則、遵守紀律，但嚴格訓練下的孩子會覺得自己是被迫的，一旦找到機會，就可能會放縱自己；那些受到幫助和引導的孩子則會覺得「這是我自己的選擇」。

精神分析學認爲，對骯髒的管理大多可以回溯到對排泄物的管理上。這看上去是一種非常直觀、生活化的理解——髒東西如果被管理得好，生活就會很舒適。事實上，大小便還有一個深刻的心理隱喻——它們是負面情緒的象徵。

這一個心理隱喻是共生期的嬰兒開始有的。嬰兒就像活在全好全壞的神話世界中，要不是全能自戀般的全然美好，要不有一點壞就會覺得要死亡乃至世界要崩塌。嬰兒也會知道，大小便等排泄物是令人不舒適的，所以覺得向媽媽等養育者扔大小便就是對他們的攻擊。不僅嬰兒如此，成年人如此，動物也如此。講一件有趣的事。有一次，我去廣州長隆動物園，隔著玻璃牆，一隻雄性老虎很有氣勢地朝我走來。接近玻璃窗時，牠一轉身，對著我撒了一泡尿，正好尿在我面前的玻璃上，我當時就感受到了一種被蔑視的滋味。

孩子需要學習對大小便的管理，就像要學習對情緒的管理一樣。對成年人來說也一樣。我之所以常常講到心理問題和嬰幼兒時期的對照，就是因爲在精神分析理論看來，嬰幼兒時期往往隱藏著問題的根源。而只有找到了根源，才能幫成年人解決問題。

心智化和見諸行動

心智化的意思是，養育者要向孩子說明如何用語言表達自己的情緒。特別是當孩子處於強烈的負面情緒中並大吵大鬧，甚至是搞破壞時，養育者可以用語言翻譯出他們的情緒，這樣就意味著他們的情緒被語言標記了。

例如，當孩子非常生氣時，你可以對他說：「你知道嗎，你現在的這種情緒就是憤怒，你現在非常憤怒。」然後進一步告訴孩子他的憤怒是如何產生的，幫他逐步理解、化解這種憤怒。僅僅是標記，就能讓孩子對情緒產生一種掌控感，而當他能用語言向別人表達情緒時，就是在溝通了。

見諸行動的意思是，有一種負面情緒你沒辦法忍受，於是把它變成破壞性的行爲。所以，情緒管理就是要不斷地心智化，同時不能輕易見諸行動。

這聽上去不難，其實做起來並不容易。有人對負面情緒的控制力很差，一產生負面情緒，就想表達出來。從精神分析的角度來看，這裡面包含著很多層意思。比如，這樣的人覺得自己非常虛弱，而負面情緒就像死能量，如果憋在心裡，會把自己「殺死」。再比如，這樣的人有很強的自戀感，也就是權力感，向其他人表達負面情緒時，會覺得對方很弱小，自己很有力量。本節開頭講到的那位老人，之所以對換座位的女士窮追猛打，很可能就是因爲他知道自己比對方強大；如果是面對一個彪形大漢，或者一個一看就知道不好惹的人，他可能就會思忖後再行動。

負面情緒的表達

如果你已經爲人父母，那必須提醒你，在面對弱小的孩子時，需要特別注意控制負面情緒。不過很可惜，我觀察到的很多家庭都恰恰相反，父母習慣向孩子宣洩負面情緒，而其中不少人在生活中其實是很溫順的。這就不得不讓我聯想到，權力是其中很重要的因素。這些大人可能知道，社會上的成年人不好惹，自己得收斂點；而在家裡，面對自己的家人，例如弱小的孩子，肆意宣洩是安全的。

這讓我想起了一位個案的經歷。她是一位女士，在童年時經常做一個夢，夢到她和媽媽在一起，媽媽滔滔不絕地罵人，有時是直接罵她，有時是罵別的，而家裡的地上、牆上、家具上和天花板上，到處都是糞便，她身上也有。這個夢讓她難受至極，但她一直不明白是怎麼回事。從精神分析的角度來解讀，那其實就代表著媽媽的負面情緒在家中任意揮灑。這也確實就是眞實的情況——媽媽在家裡是具權威性的女主人，對老公和孩子想罵就罵，好像永遠都處在不滿中。

我認爲，一個人這樣做，就是因爲沒有實現骯髒與乾淨的分化。一個發展相對成熟的人會知道，自己得合理控制情緒，不能隨意把負面情緒宣洩到別人身上。

當然，我必須提醒你，不能以偏概全，因爲我們不能簡單地把負面情緒看作垃圾，不能總是憋著。相反，在重要的關係中，表達自己的負面情緒、理解對方的負面情緒是極爲重要的。**親密關係中，雙方需要學習容納彼此的負面情緒，這會讓關係變得更親近、更深厚。**

其他類似的分化

骯髒與乾淨是一組很重要的分化，類似的分化還有很多，例如坦誠與隱私。活在混沌共生中的人會覺得我就是你，你就是我，我們之間不必有隱私。但如果有了細膩的關係的分化，就會知道在不同層級、不同性質的關係中，適合透露的隱私的層級是不同的，而這跟骯髒與乾淨的分化的共通之處在於，它們都會帶來空間上的分化。

例如，過去經濟條件不好的家庭，可能只有一間大的臥室，裡面有一張大草蓆，無論男女老少都睡在一起。在這種情況下，衛生條件不好，也就更別提有什麼隱私空間了。大多數時候，這確實是經濟原因導致的，但這種情況也很容易導致混沌共生，家庭中的每個成員追求分化和自我誕生的過程都不會太順利。

現在，不只是人們的經濟條件得到了提升，更重要的是，人們越來越重視分化和心理上的成長。於是，家庭不僅分出了臥室、客廳、廚房和廁所，還分出了主臥室、客房、兒童房和書房等。條件更好的，不同的孩子有各自的房間，而且，廚房和廁所也變得越來越乾淨。

骯髒與乾淨的分化是一組基本的分化，它還會衍生出一些與之接近的分化，比如好與壞的分化、美與醜的分化等。而這一節的這麼多內容，其實可以回到一句很簡單的話：「見人的時候，還是幫自己收拾一下，弄乾淨點吧！」

思考題

從骯髒與乾淨這對分化出發，你想到了其他的哪些分化？你又是如何理解這些分化的？

04 想像、行為與後果的分化：讓你能夠寬容他人

想像、行爲與後果的分化之所以至關重要，是因爲這是一個人在外化過程中必須實現的步驟。那麼，外化對一個人的自我又有多重要呢？

外化的重要性

提到心理學，我們常常會說這是一門關照內心的學問，很容易強調向內看的重要性。你可能還常聽到這樣的說法：「親愛的，外面除了你自己，沒有別人。」我很喜歡這段話，覺得它很有深意。但是，做爲一個想帶你找到自我誕生路徑的人，我必須提醒你，要警惕一味強調向內看的邏輯，尤其當你是個一直向內看的人。

爲什麼這麼說呢？做爲一個精神分析取向的心理諮商師，我在給不同的個案進行長時間諮商後發現，那些在外在世界活得豐富，且擁有立體社會關係的人，心理相對健康，做心理諮商後也更容易見效。之所以會這樣，我認爲其中一個原因是，

人的內心世界是非常難以純粹內觀的。相反，人需要把自己的內心淋漓盡致地展現在各種關係中，外在世界就像一個人內在世界的投影。透過觀察這個人如何與外在世界相處，能更好地看到這個人的內心，從而更好地修煉自己的心。

實際上，一個人從嬰兒到成年的成長歷程，就是一個不斷走向更廣闊的外部世界過程，也是一個不斷將內部想像世界展現到外部現實世界的過程。這個向外拓展的過程，就是瑪格麗特．馬勒所說的「外化」。如果外化嚴重停滯，人就容易處於封閉、內向的狀態。對於這種狀態，我有一個有點刺激人的說法：**「你不能去搞外部世界，於是只好封閉起來搞自己。」**換句話說，如果你不能和外部世界充分發生關聯，內心世界就容易產生各種問題。

看到這裡，你應該已經明白外化對人的重要意義了。那麼，在外化的過程中，爲什麼特別需要一個人實現想像、行爲與後果的分化呢？

想像、行爲與後果

想像，是指你純粹內在的想像世界，沒有和外部世界產生任何關係；行爲，是指你向外部世界的客體發出了動力，並傳遞到了客體上；後果，是指你的行爲對外部世界的客體造成了一些實質性的影響。如果不能很好地區分它們，就會帶來各種影響。

先來說說我的親身經歷。前幾年，我經常會開設持續幾天的工作坊，每次參加的都有三十多人，多的時候會有五、六十人。我逐漸發現，幾乎每次工作坊上都有一個人會出現比較嚴重的狀況。例如在現場暈倒，甚至抽搐，或者在課程結束後出現異常狀態。

這樣的事情發生了幾次後，我開始留心總結。我發現，這些人有一個共同點，就是他們分不清想像、行爲和後果，常常直接把想像等同於行爲和後果。例如，有一位女學員告訴我，工作坊結束後，有一天晚上她在家突然恐慌了起來。我和她用電話溝通時，她說自己做了一個很恐怖的夢，可是她一直不願意跟我講惡夢的內容。後來好不容易才告訴我說，她夢見家人都死了。我再問她細節，她有些恐慌地說夢中家人都是慘死的，而且隱約知道是自己做的。

這個夢的確很嚇人，但身爲心理諮商師，我知道最嚇人的是她不能很好地區分想像、行爲和後果。她有殺掉家人的想像，然後覺得好像自己幹了這種事，還覺得好像眞的產生了相應的後果，因此覺得自己罪大惡極，並產生驚恐這種急性焦慮症。

事實上，她的確需要「殺掉」家人，特別是她的母親。我之所以這麼說，是因爲她雖然已經結婚生子，卻仍然和父母住在一起，而且母親對她的控制非常嚴密。也就是說，她還處於母親包圍圈中，必須突圍出來。

經歷了她的故事後，我有了警惕心，每次開設工作坊，都會在第一天爲大家說明想像、行爲和後果的區別。我會反覆強調每個人的潛意識中都有非常黑暗、血腥、奇幻的內容，你可以想像任何事情。在這些想像中，你有絕對的自由，但必須知道想像只是想像，只要沒有見諸行動，就不會引起後果，更不用因此覺得自己有罪。

覺知複雜的內心

學習心理學，特別是學習精神分析理論後，我知道心靈世界豐富、複雜的程度遠遠超出一般人理解的範疇。例如，精神分析學派的創始人佛洛伊德提出了「潛意識」的概念。依照他的說法，每個男性都有戀母情結，每個女性都有戀父情結。另一位精神分析學派的大師榮格則提出了「集體無意識」的概念，認爲一個集體有其成員沒有承認，甚至都沒有碰觸過的無意識。例如，我們崇尚孝道，孝道就是我們的集體意識，而孝道的對立面就是我們的集體無意識。

潛意識浩瀚無邊，當你去探尋自己的潛意識時，就相當於跳入了深淵。那麼，該如何在這無邊的深淵中找到一座燈塔呢？

我想用一系列電影爲例來解釋這個問題，這一系列電影就是《蝙蝠俠》三部曲，導演用非常隱晦的手法表達了蝙蝠俠戀母弒父的情結。例如，蝙蝠俠的老家被毀掉後，他好像並不心疼，而是非常自然地想去修建新家。我認爲這可以理解爲過去的家是由父親創造的，而他想超越死去的父親。我甚至覺得蝙蝠俠黑色的形象，可以理解爲他的黑暗內心。

蝙蝠俠是在碰觸自己的深淵，這樣做太容易迷路。電影中，他的女友瑞秋好像看到了這一點，於是對他說：「重要的不是你怎麼想，而是你怎麼選擇，選擇決定了你是誰。」我非常喜歡這句話，它準確地說明想像、行爲和後果對我們的意義。

每個人的想像世界都無比複雜，但我們可以透過主動的選擇去追求自己希望展現的行爲，以及希望達到的後果，而這些可以在外部世界看見的東西，也會反過來塑造內在心靈。因此，我們要特別重視自己的選擇。應該去覺知複雜的內心，但要說什麼話、做什麼事都是可以選擇的。同時要對自己和別人的想像給予適當的寬容。畢竟，言語和行爲不是一回事，行爲和後果也不是一回事。例如，朋友對你發怒，向你說了很難聽的話，你要知道這只是言語，並不等於他眞的對你做了這樣的行爲。

只有能區分這一點，我們才能對別人的想像和言語給予寬容。就像很多關係很好的朋友一樣，可以肆無忌憚地用言語攻擊彼此，但這並不影響彼此的友誼，因爲他們知道，想像、言語和行爲不是一回事。

想像世界裡的自由

在現實世界，要評定一個人，特別是要爲一個人論功或定罪，需要根據其實際行爲和後果——特別是後果——來進行，這可以被稱爲現實原則。例如，你開公司，要做到賞罰分明，就需要有這樣的現實原則。

如果我們能把想像、行爲與後果區分開，就會帶來一個好處：把想像只當作想像對待，假定想像世界並不等於現實，甚至想像都未必能進入現實世界，會讓想像世界更加自由。例如，如果拿現實世界的法律和倫理去衡量想像世界，很多傑出的文學作品和影視劇就不可能問世了。正是因爲我們區分了想像和現實世界，想像世界才會變得更加自由，才有了各種天馬行空的作品。

精神分析治療及其理論的發展都遵循一個原則，那就是中立、不帶評判地去覺知人的內在想像世界。可以說，這是尊重人想像世界的澈底自由。精神分析是探尋一個人內在想像的規律，主要圍繞其個人經歷展開。這讓我想起了《人類大命運：從智人到神人》的作者哈拉瑞說過的一句話：「任何大規模人類合作的根基，都在於某種集體想像的虛構故事。」

所以，想像極爲根本。一個富有想像力的人不僅具有創造力，還很有可能會爲人類社會帶來改變。不過，這需要區分想像、行爲和後果，因爲直接把內在想像和現實後果等同起來的人，要不是完全不能自由的，要不就是一個澈底的瘋子。

思考題

看完這一節的內容，你對人的想像和行為是否產生不一樣的理解？

05

力量與情感的分化：讓你的心胸變得更寬廣

前面已經講了四種分化，但人性非常複雜，涉及的分化種類繁多，目前講到的只是我認爲最重要的幾個。那麼，對於其他類型的分化，能不能有邏輯清晰、條理分明的理解呢？

人性座標體系

在思考這個問題時，想到了我總結的一個人性座標體系，它的縱軸是力量維度，橫軸是情感維度（見圖 5-1）。

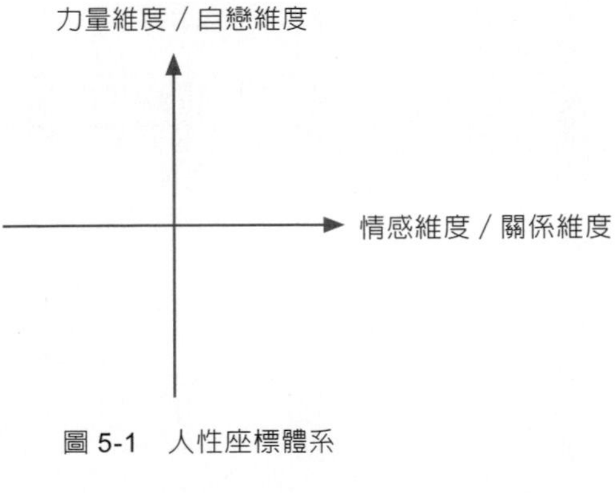

圖 5-1　人性座標體系

縱軸的力量維度，可以理解爲自戀維度、權力維度、能力強弱維度。橫軸的情感維度，則可以理解爲關係維度、道德維度等。如果你在思考一種人性的分化，並且想對它進行歸類，那麼可以看看它是該歸到力量維度，還是該歸到情感維度。

相對而言，「力量維度」和「情感維度」的表述更能說明這兩個維度的性質。不過，如果想特別準確地理解，那還是用「自戀維度」和「關係維度」的表述更好一些。

僅僅清晰地意識到自戀維度與關係維度的存在，也是一個重要的分化，可以幫助我們理解很多事情。

自戀維度與關係維度

首先，這能幫助我們意識到，雖然我們喜歡講愛恨，但愛恨的情感能力在心靈發展上是比較滯後的，自戀維度則是天然的。一個人從只在乎力量的自戀維度，發展到眞正在乎情感的關係維度，是一種人格上的重要發展。當一個人處於混沌共生狀態時，他常常會以爲自己特別在乎愛恨，但其實他眞正敏感的是力量的強弱，也可以說是權力的大小。還是用一個比較常見的社會新聞來舉例。一輛公車上，一位孕婦準備下車，並讓位給一位老太太。讓座時，她說：「您慢一點，別碰到我。」就這樣一句話，觸怒了這位老人。老人開始對她破口大罵，指責她說：「妳讓我站了好幾站都不讓座給我。」孕婦解釋說：「我是孕婦，身體不方便。」老人說：「妳是孕婦又怎麼了？我是老人，妳本來就應該讓位置給我！」

在這件事中，我認爲孕婦可能是覺得自己主要在表達關係維度的內容，老太太則完全感知不到這一點，她感知到的只有自戀維度的內容。妳早就該給我讓座，而妳提醒我別碰著你，就是在攻擊、侮辱我。在老太太的世界中，只有「我」，也就是只有自戀、權力、強弱與高低，而沒有「你」，沒有關係、情感、愛和平等。

其次，這個座標體系還可以幫助我們理解很多現象。例如，我發現身邊常常有人會覺得好像必須足夠卓越才配活著，才可以得到承認。我將這稱爲「卓越強迫症」，其核心症狀是相信不卓越就不配活著。那麼，這究竟是怎麼回事呢？

用人性座標體系來分析，這就是因爲我們常常特別在意力量的自戀維度，而對情感的關係維度感知不夠深。單純從這個座標體系的視覺上看，就是我們只在乎縱軸，而縱軸的特質是分高低；同時我們不太在乎橫軸，而橫軸的特質是平等。

對於這種現象，我們可以在這個座標體系上標定一下分數。我認爲，我們對縱軸的在意是無限的，假設滿分是一百分，那我們的感知就會是負一百到一百分之間；我們對橫軸的感知不敏感，也許可以打負十分到十分之間，想像一下，這樣畫出來的圖，像不像一條狹窄的獨木橋？

當我用這個畫面去重新思考時，我立即明白了老家村子裡一位大家長的故事。

這位大家長是我們村子裡的一位能人。他非常能幹，他所在的家族和他所帶領的兒子、女兒兩邊的家庭，都是村裡比較富裕的。可以說，他是整個家族當之無愧的「大家長」。他在第三代孩子的教育上特別焦慮。有一次聽說我回老家了，就帶著一個孫女和一個外孫來見我，希望我能開導他們，要他們好好學習。

其實，這種事我見多了，幾乎必然都存在一個規律——家長都希望我去開導孩子，可是最終都變成我發現了家長的問題，然後開導和分析他們。

這位大家長的孫女在讀小學高年級，一直是班上前五名，剛剛才結束的考試中還考了第二名。這已經是很好的成績了，可是這位大家長並不滿意，他覺得第二名毫無意義，只有第一名才有意義。你可能會覺得這聽上去像是在開玩笑，但他說得情真意切，不是裝的。

在多年的心理諮商中，雖然已經見過很多父母對自己的孩子不夠認同，總說別人家的孩子更好，但這位大家長的看法和堅決的態度還是刺激到了我。其實，這位大家長，或者類似的有「只有第一名才有意義」的想法的人，可以說情感的關係維度基本上都沒展開，只感知到了力量的自戀維度。想像一下這個畫面：在人性座標體系中，他們的橫軸完全沒有展開，只有縱軸，那會是一種什麼情況？

從數學的角度來看，在負一百分到一百分之間，是有無限多的位置的。但從心理學的角度來看，縱軸這時會出現一個變化，那就是只有一百分和負一百分，或者說只有一百分，也就是只有最高位置才有價值。

之所以會這樣，是因爲自戀維度和死亡焦慮是密切聯繫在一起的。如果人性中只有自戀維度，就意味著位置最高的那個人可以決定其他所有人的生死。所以，雖然九十九分也夠高了，但只要沒達到一百分的最高位置，就還是會有嚴重的死亡焦慮。

回到這位大家長來。他的外孫成績一直很差，總是排倒數，有時甚至會考倒數第一名。有一次，他考了倒數第二十幾名。按理說這是一個巨大的進步，可是外婆、外公和媽媽還是肆意地批評他，說：「你的成績怎麼還是這麼爛？你看你竟然還有點驕傲了，你知不知道這個成績還是排在中下，甚至是吊車尾的，有什麼好驕傲的？」

我有好幾位當家教的個案，他們說這種現象自己見過很多次。那些成績特別差的孩子的家長，對中間區段的成績毫無感覺。他們會認爲孩子從考二三十分到及格毫無意義，從剛及格到七八十分也毫無意義，似乎只在意頂尖的好成績，而這很容易導致孩子自暴自棄。

我向那位大家長的外孫講了自暴自棄的邏輯。我告訴他：「從倒數最後幾名到倒數第二十幾名是一個巨大的進步，你本來期待能得到大人的認可，但發現還是受到了批評，於是你很生氣、很絕望，乾脆自暴自棄，甚至故意考倒數第一名來氣他們。這是在報復、懲罰他們，這給你帶來了快感，覺得自己有力量。不過，也可以換一種方法。你知道學習很重要，成績好了自己也會開心，那麼，你能不能爲自己學習呢？」或許是我的話起了作用，我聽說幾個月後，這個男孩的成績有了非常大的提升。

自戀是人的根本屬性。剛出生的嬰兒自然都在自戀維度，而且這還涉及死亡焦慮，所以他們對力量的強弱和權力的大小非常敏感。但是，隨著感知到養育者，特別是媽媽的愛，他們開始感知到關係維度，開始體驗到愛。而且，當他們也能對媽媽產生深厚的愛時，他們會感知到世界上不是只有「我」這一個中心，還有「你」這另一個中心，「你」和「我」都是值得尊重的人。這時，平等也就產生了。所以說，**只有情感，才能讓人感知到平等。**

相信很多人都有過這樣的體會：你原本對一件事很糾結，其中有很多東西令你非常敏感和在意，但當你感知到自己和對方的愛後，你突然放下了自己的敏感與糾結，覺得怎麼樣都行了。這就是從自戀維度到關係維度的轉變。

不過，自戀維度並沒有消失，而是隨著關係維度的展開，你的心胸一下子變得寬廣了很多。對應到人性座標體系中，就是當橫軸和縱軸的分數都能展開時，整個坐標系的面積一下子變大了。

孝順≠愛

再說說孝順這件事。很多人認爲，孩子對父母的孝順就是愛。但我想說，我們對孝順的定義常常很模糊，甚至偏離了它原本的意思。比如，透過人性座標體系來看，如果孩子順從父母，把父母放到了權力的高位，維護了父母的自戀，這就是力量的自戀維度的表達。但他們卻常常忽略關係維度的展開，而這個維度意味著平等。過於強調順從的孝順，是被扭曲的孝順，其中缺失了愛的部分，所以這樣的孝順可能就不是愛。

實際上，如果想讓自戀的嬰幼兒感知到愛，需要養育者，特別是媽媽在孩子幼小時給予充分地照顧，並呵護孩子的自戀。而這意味著養育者要常常呵護孩子的動力與意志，讓他們的動力與意志基本得到實現，並最終孵化出自我。

思考題

社會上有很多現象，本質上都是自戀、力量與權力的表達，但被我們說成了關係、情感與愛，你能想到哪些？你又是如何理解的？

第六章

建立完整的自我

萬物的你，說出我是誰。
說，我就是你。
你擁抱某種形式說，「我是這個。」
天哪，你不是此，也不是彼，也不是其他，
你「獨特唯一」「心往神馳」；
你是寶座、皇宮和國王；
你是鳥、圈套和捕鳥人。
罐中的水和河流在本質上區別，
你是精神，也是相同。
你，每個偶像曾經膜拜；
你，每個思想形態殞於你的無形。
——魯米

引論

心中住下一個愛的人，完成個體化

本章內容對應的是瑪格麗特．馬勒所說的分離與個體化期中的第四個亞階段，即情感客體穩定與個體化期。簡單地說，馬勒認為，人在二十四個月到三十六個月時會完成兩件很重要的事——情感客體穩定性和個體化。

先來解釋一下什麼叫情感客體穩定性的完成。

在這個階段，人會把身邊最重要的情感寄託物件，也就是那個外在愛自己的人，通常是媽媽，內化到心中，讓自己心中住下一個愛的人。現代育兒觀念中有一個基本共識，就是媽媽最好穩定、高品質地陪孩子到三歲，其間盡量不要有大的分離。我想，這個說法的源頭也許就是馬勒的這個理論。

在心中住下了一個愛的人之後，你對孤獨的承受力就會變得強很多。反過來說，能享受孤獨的人，不要覺得都是因為自己境界高，真相可能只是因為你運氣好，在三歲之前把愛你的人內化到了自己心中。

再來看看什麼叫個體化的完成。這是指用三年時間把外在媽媽的愛變成心中住下一個愛的人的同時，孩子的個體化過程也完成了。也就是說，他抽象意義上的自我誕生了。

「你存在，所以我存在」，這句話你或許不陌生，很多西方哲學家都做過這樣的表述。哲學家們說的「你」其實是上帝，但在母子關係中，我們也可以借用這個表述——如果孩子在三歲前得到了比較好的陪伴，在三歲時，他的內心就會同時住下「我」和「你」。這是心靈發展過程中一個里程碑式的進步。

在六個月前的共生期，孩子雖然本質上是活在「我們」之中，但他們只能感受到「我」是唯一的中心，可以說是活在一元世界中。當心中同時住下了「我」和「你」時，孩子的心靈就進入了二元世界。之後，當孩子能將父親這個「他」也當作中心，並內化到自己的心中，他的心靈就進入了三元世界。

回到個體化的過程，雖然說到了抽象意義上的自我的誕生，但過程並沒有那麼容易，太多阻礙和干擾會影響它的進程。這一章，我們就來詳細聊一聊這塊內容。

01 自我確認：不再過度渴望外界回應

這一節，我要講一個完整的個案，因爲它非常具有代表性。我相信，對這個案例的分析和對相關心理學知識的介紹，能夠幫助你更好了解一個成年人在心理學意義上的自我確認。

有撒謊癖且容易緊張的女孩

這個個案的主人公是我的一位個案，她是個女孩，這裡稱她爲M。她來找我諮商時是二十五歲，當時我發現她有兩個非常特別的地方，一個是有撒謊癖，一個是很容易緊張。

撒謊癖就是當別人問她關於她的資訊時，她永遠不會在第一時間說實話。例如，假設她月收入是一萬兩千人民幣，如果有人問，她絕不會在第一時間如實相告，哪怕是最好的朋友也不會。她要不說多一點，要不說少一點，就算跟眞實收入只差一點點，她也不會說實話。當然，你可能會覺得收入屬於個人隱私，想保密是可以理解的，但她在很多其他事情上也是這樣。例如，吃了一頓飯後，別人問她花了多少錢，她也極少說實話。

這種撒謊癖不是道德問題，因爲她不是爲了騙取好處，更無意傷害他人。我認爲，她這麼做只是爲了把自己的眞我隱藏起來，不讓人看到。對我，她一開始也有類似的表現。例如，關於姓名和家境，她都有所隱瞞，但之後又如實告訴我。後來據她自己說，相對於其他人，她在面對我時已經盡可能地坦誠了。

再說說她的第二個特徵——容易緊張。

我和她做一次心理諮商的時間大概是五十分鐘。在這個過程中，她會一直坐得很端正，而且每時每刻都非常緊張地關注我的一舉一動。如果我略有懈怠，或是感到疲憊、想睡、皺眉或者低頭等，她就會緊張地問：「武老師，我讓你覺得累了嗎？我剛才的表達不好嗎？我是不是說得太亂了？」通常面對這樣的現象時，我傾向於將其理解爲個案對諮商師生氣了，但他們表達指責時有困難，於是把這份指責轉向了自己，所以才會問是不是自己哪裡做得不好。M說，她眞的從來沒有因爲我的懈怠而生氣，只是覺得自己說話確實很囉唆，沒重點。

不過，對於她無時無刻都在緊張地盯著我這一點，她是沒有自知力的。對她而言，這是一種自然而然的狀態，不管在哪裡都這樣。「不識廬山眞面目，只緣身在此山中」，這兩句詩就可以用在這裡。

「鏡映」與「無條件積極關注」

經過分析，我認爲M的撒謊癖和容易緊張的問題，都可以歸因到一點上，那就是她在尋找「鏡映」。這是心理學上的一個概念，簡單來說，就是給出正向回應。

從生理學的意義上說，我們對自我身體的認知最早是從鏡子裡得來的，我們會有一個被外部照到，然後才知道我是誰的過程。同樣，心理學意義上自我確認，也需要一面鏡子，需要另一個人做爲鏡子去確認、看到我們。其中，最常見的就是嬰兒需要將媽媽等主要養育者做爲鏡子，從中得到自己身分的確認。

回到M的案例。說她在尋找鏡映，就是希望自己發出的每一份動力，都能從我這面鏡子裡得到積極回應，這會帶給她一種「她完全是好的」的感覺。所以說，她的緊張和對我一舉一動的關注，就是希望我能給她這種回應。當我有所懈怠時，她之所以不生氣，反而指責自己，是因爲她把我當成了理想化的權威。權威這面鏡子沒有問題，如果有問題，也是因爲受到了她的影響。

從職業的角度來看，我的確需要給她鏡映，或者可以簡單地理解爲對她無條件積極關注❶。「無條件積極關注」是人本主義心理學家卡爾·羅哲斯提出的一個概念。簡單來講，這基本就等同於無條件的愛，我對你好是沒有任何附加條件的。所以，我對M的心理諮商，最初就是以支持和肯定爲主，後來才逐漸開始對她進行分析。

M的撒謊癖可以這樣理解：她非常渴望得到外界的回應，尤其是希望從別人的鏡子裡看到自己是好的；如果得不到這種回應，她就會覺得自己的眞我是壞的。此前，她在成長過程中嚴重匱乏鏡映，這導致她認定自己的眞我是壞透了的。所以，但凡涉及她的資訊，她就會習慣性撒謊，製造一團迷霧，好讓別人看不到她的眞我。

這也會導致其他一些常見的問題。比如，她幾乎沒有朋友，和父母的關係也相

1. 羅哲斯把諮商關係的重視提到了一個前所未有的高度。關於如何建構諮商關係，他提出了三個非常簡單的原則——眞誠、共情、無條件積極關注。無條件積極關注是自我發展的重要方式之一，這是一種沒有價值條件的積極關注體驗。即使自我行為不夠理想，一個人也能覺得自己受到了父母或諮商師真正的尊重、理解和關懷。

當差。在這種情況下，一般人就不會想去改變父母了，因爲他們最終會感到絕望且疲憊不堪，於是只好轉身離去，去構築自己的生活。M讀過不少心理學方面的書也知道這一點，但她本能上特別想改變媽媽、想和媽媽親近，於是做了很多努力。

一開始，她受到了一些挫敗，但經過一年多的努力後，突然有一天，和媽媽的關係發生了巨大的變化。聽完她的講述，我深切地感知到這是一種質變。不過同時也有些擔心，因爲這是她花了很大的力氣才換來的，而媽媽也很不自然，不知道這種變化是否能持久。後來，她和媽媽的關係果然又出現了很多次危機，有時危機會持續半年。不過，每次危機最終都被化解了。前兩年，多數時候是她主動向媽媽示好，後來就變成了媽媽先向她示好。

在和媽媽的關係有了質的改善後，她遇到了一個滿合得來的男孩，開始了眞正的戀愛。在這個過程中，做心理諮商也起到了很大的作用——如果沒有心理諮商，她可能每一秒鐘都會想著要分手，而原因都一樣，就是當男孩有所懈怠時，立即就會覺得是因對方不喜歡自己了。

心理諮商中我的懈怠，以及戀愛中男孩的懈怠，有時是眞的，但更多時候是她的誤解。做爲一個追求鏡映的人，只要沒得到積極回應，就會感知成負面回應。可是實際上，除了別人偶爾會給她負面回應，很多時候別人只是活在自己的世界裡，產生的一些懈怠也並不是針對她的。

這個道理其實她也懂，只是實際上卻做不到，只要對方不給予積極回應，她就會緊張。我認爲，她在六個月前的共生需求沒得到基本滿足。於是，雖然她有成年人的頭腦，但她的心靈還非常渴求與一個人共生。

再後來，她結婚了。可是，這段婚姻並不像是兩個成年人的婚姻，更像是丈夫這位「媽媽」在哄著她這個「寶寶」。

孤獨與回應

M和媽媽的關係越來越親密，她們會有各種約會，會一起看電影、一起聽課、一起吃飯。有一段時間，只要一空下來，她就會不安，特別想打電話給媽媽，可是有時電話接通了，又不知道要說什麼。

一孤獨就不安，必須找人陪伴，可以理解爲孤獨的時候，由於沒有鏡子給自己積極回應，她就會覺得自己的動力與意志都是壞的。這太可怕了，所以她必須找一個人來做爲一面鏡子，告訴自己「妳是好的」。媽媽越來越懂女兒的這種感覺，所以，媽媽會對她進行各種誇獎、肯定以及表達喜歡，最常對她說的一句話是：「妳可愛，做什麼都對。」媽媽雖然在有些時候也覺得這是在忍耐和配合，但她由衷地願意這麼做。

我的理解是，媽媽之所以沒有在女兒幼小時滿足她的共生需求，是因爲這位媽媽小時候也沒有從自己的媽媽那裡獲得滿足。所以，隨著和女兒的關係越來越親密，兩個人都有了共生感，媽媽的共生需求也被滿足了。

後來，M在和丈夫以及和媽媽的這兩對關係中，甚至會越來越放肆，而丈夫和媽媽也都能接納。有時候他們可能會受不了，跟M的關係會暫時崩解，但他們都會主動過來和她修復關係。能有兩個人寵自己，M深深地感到自己太幸福了。

這種狀態持續了大約三年後，一些改變悄然發生了。有一次，有人問M的新工作怎麼樣。她自然而然地跟對方講了一些情況，包括收入，然後她意識到自己竟然沒有撒謊。在和我的諮商中，她也逐漸放鬆一些了。有一天，我突然感覺到，我們關係中一直以來的那種緊張消失了，也忽然明白她變了，她放鬆了下來，也不再每分每秒都關注我的一舉一動了。

她也意識到了自己的改變。她覺得整個生命，乃至整個世界都不一樣了，有一句話從心中湧出：「反正有大把美好時光可以浪費。」M能從極度緊張發展到基本放鬆，這是一個巨大的成長。

做爲本章的第一節，我們一起透過這個案例了解一個成年人在心理學意義上的自我確認。之所以用這個案例來串聯所有內容，是因爲這樣更有助於你理解。本節只是淺層的分析和梳理，下一節，我會對這個案例進行更多分析，並透過分析引出本章的核心理論。

思考題

你有過類似的轉變嗎？如果有，試著用本書講到的理論來自我分析一下。

02 基本滿足：伸展你的動力和意志

這一節，我們用本書講到的理論來對M的情況進行更詳細地分析。這是一個非常典型的案例，對它進行分析可以幫你更好地理解自我誕生過程中個體化完成的重要意義。

先來看看M的問題究竟是什麼。我認爲，至少有兩點：第一，她在嬰兒時和媽媽的共生需求沒有得到滿足，這導致她部分卡在自閉之殼中；第二，她兩歲前的基本任務外化也沒有完成。

共生需求沒有得到滿足

M在成年後如此渴求共生，再加上她一開始和媽媽的關係很差，所以我推斷，在六個月前的共生期中，她沒有和媽媽建立起基本的共生關係。

上一節講到，M在戀愛中常常沒辦法持久，這可以理解爲一旦她發出動力，稍稍受挫，這份動力就會死掉。可以說，動力的誕生對她而言是一個問題。當然，愛的表達對很多人來說都是大難題，我見過很多人戀愛水平都很一般。或許，其中有人可以在其他方面追逐自己的動力和意志，但也的確有不少人顯示出了一定程度的自閉。例如這個案例的主人公M，她基本上沒有朋友，這也是自閉的表現之一。

我還觀察到，M好像沒有強烈的需求。除了對和媽媽的親近表現得很執著，她在其他方面都沒有比較強烈的愛好。這也可以說明她的太多動力都處於冰封狀態，沒有眞正活出來。

外化沒有完成

外化完成對應的現象是，能將自己的動力和意志自如地伸展到客體上，客體包括人、事和物，而在這一點上，M很匱乏。比如，她有一個非常特別的地方，就是她在小學一年級、國一、高一乃至大一的成績都非常出色，但一到每個一年級的學期末，成績就開始下降，到二年級時就很普通了。她有極其強烈的好勝心，可是這並不能支持她一直取得好成績。她的智商也沒有問題，我覺得她的智商相當高。那麼，究竟爲什麼會出現這種情況呢？我覺得可以用意志的誕生這個說法來解釋。

任何普通人都有動力，都可以起心動念，渴望自己變得卓越，這是全能自戀的表現。而且，一個人的人格越稚嫩，他的全能自戀就會越強。但是，要使學習成績保持卓越，一般來講都需要意志力，需要持續地做出努力。而在M這裡，我認爲她能靠高智商和強烈的好勝心在短期內取得好成績，可是她的意志尚未誕生，所以難以持續努力。那一個人的動力和意志如何才能誕生呢？根據本書前面的內容可以知道，這需要得到基本滿足。所以，基本滿足就是一個人從內部發出了動力和意志，最終在外部世界得以實現，當獲得「我的動力和意志能基本實現」的感覺時，就意味著動力和意志誕生了。

如何得到基本滿足

一個成年人可以透過智慧去選擇那些對自己難度適宜的東西，在這方面發出動力和意志，然後不斷地去實現它們。這是一條顯而易見的路。不過，如果你的動力和意志還沒有誕生，這樣做就會非常不容易。而且，根據我的觀察，如果一個人要去追求在某些事情上的實現，就會導致一種現象——你在某個方面或某幾個方面展開了自己的動力和意志，但好像整個世界對你仍然是關閉的，外化仍然沒有發生。

我認爲，動力的完整展開和外化的基本發生需要一個基礎，那就是你和一個人建立了完整的關係，既有深情，又有廣泛的配合，這樣的關係可以幫你比較全面地打開自己。其中，最容易看到的完整關係是親子關係和情侶關係，因爲生活本身就必然意味著廣泛的配合。

對M來說，她需要和一個人重新建立適當共生的關係。嬰幼兒時期的匱乏導致她覺得自己的動力和意志基本上都是壞的，不能向其他客體展開，這種感覺刻骨銘心，讓她一直都嚴重地蜷縮著。成年後，在和媽媽建立了適度共生的關係後，她的動力和意志就可以向媽媽伸展了，也包括在媽媽的陪伴與幫助下向其他客體伸展，而這種感覺的實現澈底打開了她的世界。

雖然瑪格麗特．馬勒說，只有六個月前的共生才是正常的，此後的共生都是病態的，但我在諮商和生活中見到了不少像M這樣的人，他們的確是在成年後，透過實現和另一個人的適度共生才重新打開了自己。

六個月前的嬰兒與媽媽的共生是近乎百分百的，他們希望全然地擁有彼此。而成年人的共生不同，一方面，成年人不容易只有彼此；另一方面，也要有意識地拒絕全然陷入二人關係。例如，對M而言，她和老公的關係不錯，媽媽和爸爸的關係也很好，這讓她和媽媽的共生程度沒有變得太深。

M和媽媽的關係應該是既有強烈的共生的部分，例如經常一起做各種事，同時也有分離與個體化的部分。關於分離與個體化的部分，你可以想像這樣一個經典畫面：孩子在專注地玩耍，但他們需要媽媽或穩定的養育者陪伴在身邊。受挫了，他們就會找媽媽幫忙；把事做好了，他們也會想與媽媽分享。對應到M身上，就是她什麼事都想講給媽媽聽。

我們要懂得，不管是在親子關係、情侶關係，還是在其他深度關係中，除了滿足彼此的需求，我們還幫助彼此更好地伸展了自己。這份伸展，或者說生命力的擴展，比滿足彼此的需求更重要。我們還要懂得，**人是慢熱的動物，無論是親子之間，還是在其他重要關係中，要想實現彼此的基本滿足和關係的深度，都需要時間。**

情感客體穩定性

講到這裡，需要講一下馬勒的另一個重要概念——情感客體穩定性。而要講清楚這個概念，就先要講清楚什麼是客體穩定性。

你肯定知道，和幼小的孩子玩躲貓貓很有意思。媽媽用手把自己的臉擋住，再突然打開，孩子就會笑得特別開心，可是等孩子大了，這個遊戲就沒辦法玩了。這是因爲幼小的孩子還沒有形成客體穩定性的概念。他們覺得，能看見一個物品時，它就是存在的；看不見時，它就不存在了。一會兒存在，一會兒又不存在，這種對比太刺激了。媽媽和孩子玩躲貓貓給孩子的感覺就是，自己最愛的、唯一的媽媽突然消失了，這太可怕了，還沒來得及感到恐懼和悲傷，媽媽突然又回來了，這太刺激了！當然，我並不是要反對這個遊戲。實際上，這是一個很好的遊戲，可以幫孩子慢慢形成客體穩定性的概念。

物質客體穩定性很容易形成。如果智力正常，孩子在九個月時就會形成這種概念。但是，很多人終其一生都沒能形成情感客體穩定性。情感客體穩定性形成的標誌是，雖然一個人對你有時好，有時不好，但你能確信他是愛你的。這一個形成需要時間。馬勒認爲，如果媽媽穩定地給予孩子有品質的愛，那麼孩子會在三歲左右時形成情感客體穩定性。而想要讓一個封閉的成年人重新相信這份愛，則需要更多的時間。所以，在M這個案例中，她花了更多時間才終於確信媽媽是愛她的。

上一節講到M後來不再緊張了，慢慢放鬆了下來。你可能會覺得這沒什麼了不起的，但實際上，這是一個巨大的改變。之前的緊張是因爲她懷疑自己不好，不值得被愛，而且這種不好是一種基本感覺，無處不在。但當她和媽媽的關係得到大幅改善，且這種狀態持續了數年之後，終於確認媽媽是愛她的，而她也是值得被愛的，這時她才終於放鬆了下來。

馬勒認爲，二十四個月到三十六個月是情感客體穩定性和個體化的完成的階段。可以認爲，**情感客體穩定性的形成是一個人的心裡住下了一個愛的「你」，個體化的完成則是這個人確信「我」是好的，是值得住在抽象的心裡的。**這意味著，一個人的心裡住下了一個「好的我」和「好的你」。「好的你」願意善待「我」，「好的我」也願意善待「你」。即便你我之間有憤怒和敵意，也可以在我們的關係中得到化解。這樣的基本感覺，帶來了眞正地放鬆。

思考題

你發現了嗎，愛，就是這麼了不起！你有這樣的時刻嗎？有沒有在突然間發現，不知不覺中，自己的心中已經住下了一個愛的人，而你的生命從此變得不同？

03 自我誕生：必須學會尊重自己的感覺

本章一直在講個體化的完成，這一節，就來講一講個體化自我的誕生。

你可能讀過米蘭．昆德拉的小說《不能承受的生命之輕》，他在書中描繪了女主角特麗莎的一種恐懼：小時候，媽媽一再對她說：「妳什麼都不是，妳和別人沒什麼兩樣。」這種說法裡，有絕望和認命在。特麗莎很美，她希望自己是獨一無二的存在。不過，她不是因爲生得美才這樣想，而是覺得獨一無二才意味著她是存在的。

特麗莎的媽媽年輕時也很美，這份美貌給她帶來了炫目的存在感。她同時和幾個男子保持著性關係，可是卻被一個條件一般的男人設計下懷了他的孩子，不得不嫁給他，後來生活得越來越不如意。可能她覺得自己被命運嘲弄了吧，之後變得坦蕩而又鄙俗，並且想讓女兒也接受她的感覺——妳和別人都一個樣。

和湯瑪斯在一起後，特麗莎把這種渴望放到了湯瑪斯身上，希望湯瑪斯能給她這種感覺——「妳是獨一無二的。」然而，她也被嘲弄了。湯瑪斯有無數情人，他親她的時候，和親別的女人一樣，摸她的時候，也和摸別的女人一樣。

我在思考情感客體穩定性和個體化的完成時，禁不住想起了特麗莎的這種渴求。當一個孩子能穩定地在媽媽充滿愛意目光的這面鏡子中看見自己時，他就能感受到自己是獨一無二的存在。情感客體穩定性的形成，也意味著孩子個體化的完成。但很顯然，特麗莎沒有實現這一點。

個體化自我

個體化完成後，緊接著就是個體化自我的誕生。而個體化自我，就是指你形成了一個獨特的自我，它圍繞著你的感覺而建構。

那麼，幼兒要怎麼樣才能形成個體化自我？其實前面已經多次講到了，概括來講，需要以下四個條件。

第一，六個月前，媽媽和孩子建構好共生關係，滿足孩子的共生需求。

第二，六個月到三十六個月期間，按照孩子的需求，媽媽逐漸和孩子拉開距離，但仍然要讓孩子感覺媽媽基本上穩定地在他身邊。媽媽可以上班、短期出差，但這時需要有一個替代養育者。總之，不能讓孩子自己待著，而且這個替代養育者也要穩定，不能換來換去。

第三，養育者給孩子高品質的回應，包括照顧孩子的生活需求和情感上的需求。

第四，允許孩子說「不」，尊重孩子「我來」的意志。

在這些條件下，孩子最終會相信世界是基本可以信任的，他的生活是基本可以掌控的。而且，他不是委曲求全地活著，而是可以按照自己的感覺展開動力和意志。在本書的體系中，所謂的「活著」至少包括三個層級：首先是動力層級的「我」可以活下來；其次是意志層級的「我」能活下來；到三歲時，終於是抽象自我層級上的「我」可以活下來了。

反過來說，當「我」處在動力層級時，人就會執著於一個動力，要求它在當下的這個時空立即實現，否則就覺得「我」要死了。當「我」到達了意志層級，人就有了時間感和空間感。簡單來說，就是有了我們通常所說的耐心，但還是不能接受意志的生死。當「我」處於抽象自我層級時，人就獲得了一個超然於一切具體動力和意志上的自我。這種抽象的存在感會讓人形成一個更大的心靈空間，而且他能理性地接受一些動力和意志的死亡。

這就是正常的心理發展過程。如果能這樣發展，一個人可以說是幸運的。就像奧地利精神病學家阿爾弗雷德·阿德勒那句非常動人的話一樣：**「幸運的人一生都被童年治癒，不幸的人一生都在治癒童年。」**

尊重你的感覺

人性非常複雜，心理學也紛繁複雜。那麼，想要形成個體化自我，有什麼簡單的原則可以讓人去遵循嗎？

我認為有，那就是尊重自己的感覺——它是形成個體化自我的關鍵。沒有形成個體化自我的人，需要學習尊重自己的感覺，最終集腋成裘，形成個體化自我。形成了個體化自我的人，則自然而然地就會尊重自己的感覺。當然，也存在特殊情形。比如，一個人本來擁有鮮明的個體化自我，但因為在殘酷的環境中不能尊重自己的感覺，最終喪失了個體化自我。

說到這裡，請你思考一下：感覺是什麼？你一定有自己的答案。而我認為，感覺是你和一個事物建立關係時的產物，分為身體感覺、情緒情感，以及一些莫名的感覺。

關於感覺和自我，精神分析學家科胡特有一對術語——「眞實自體」和「虛假自體」。如果一個幼童基本上是在圍繞著媽媽的感覺轉，那他就會形成虛假自體；如果他基本上能尊重自己的感覺，那他就會形成眞實自體。有眞實自體的人，會感覺到自在。有虛假自體的人，不管看上去自身的功能多麼好，都會感覺不自在。敏感的人也會感覺到不眞實，覺得他們有點假，而且和他們之間像是隔著什麼似的，難以碰觸彼此。有虛假自體的人還會產生一個關鍵問題，那就是會向思維認同。他們會覺得「思維就是我，我就是我的思維」。對比來看，有眞實自體的人，他們自我的內容是活生生的實際體驗；有虛假自體的人，他們自我的內容則是剝離了體驗的思維。

實際上，「眞實自體」和「個體化自我」的概念基本等同，只是心理學家提出的不同的詞彙，可以幫你從不同的角度來理解一件事。形成眞實自體的條件，與形成個體化自我的條件是一樣的。

眞實自體的功能

如果父母或其他養育者想愛孩子，想培養孩子的個體化自我，那可以有一種基本意識：在孩子的事情上，我是尊重他的感覺，還是想把自己的意志強加給他？或者說，如果從孩子的角度看，孩子是「我」，養育者是「你」，那麼，養育者到底是允許「我」從「你」的世界脫穎而出，還是「我」要消融在「你」的世界之中？這樣看可能會覺得很抽象，下面來舉個例子。

我有一位個案是一位女士。在她十來歲時，父親去世了。在此之前，父親也總是出差，和她在一起的時間不多。這意味著她一直和媽媽在一起。她成家後，媽媽也繼續和她住在一起。

在一次諮商中，我們談到了她和媽媽的關係。她說，她感覺自己像是被黏住了，又像是掉入了一個泥沼，她想脫離這種狀態，但怎麼也脫離不了。還有一個非常有意思的情況是，她後來開始學習心理學，但在我面前，她顯得好像沒有什麼光芒，我極少看到她在心理學方面的天賦。然而和同學在一起時，她卻可以釋放自己的光芒，並且常常令同學們爲她的天賦感到驚歎。她說：「我覺得在你面前談心理學，像是對你的一種巨大的冒犯。我根本不敢想像有一天我會像你一樣，在心理學方面取得巨大的成就。」

我們來看看這位女士想表達的意思。我的確是有點名氣，但名氣這種東西是遠看時才會有的，而我和她的諮商關係是非常近的關係，她其實能看到我做爲一名心理諮商師的完整部分——既有一些優點，也有明顯的缺點。但即便如此，一想到要和我比高低，她就覺得這是件非常恐怖的事情。

更有意思的是，這種情況後來發生了變化。這位女士在工作中遇到了一位能力很強的主管，且對方一直和她平等相處，允許她挑戰自己的權威。當兩人有不同意見時，這位主管也總是能看到她的可貴之處。當然，如果她錯了，他也會指正出來——這位主管是眞實地欣賞她。結果，這位女士開始在工作中綻放自己，發現自己的能力幾乎在各方面都提升了至少一個層次。在此之前，她根本不敢想像自己會有這樣的能力水準。

從精神分析的角度來看，在她身上，原來的虛假自體是非常明顯的——她非常有禮貌，也有不錯的情商，但所有人都覺得她難以接近，她自己也覺得她的樣子是「裝」出來的。但在這位主管的帶領下，她的眞實自體率先在工作中展現了出來，就像她的光芒把一個虛假的殼給徹底戳破了一樣。而且，她在工作中體驗到了自在。無論是做事，還是和同事、主管相處，她都變得非常尊重自己的感覺，總是能不假思索地表達自己，同時能做到不傷害他人。但是，即便眞的需要她去做一些有傷害性的事，例如辭掉不適合的員工，她也能做得遊刃有餘。

這就是眞實自體的功能，它比虛假自體效率高很多。後來，我和這位女士的諮商也變得簡單了很多，我們不斷地探討，她與其他人的關係和她與這位主管的關係有什麼不同，她在工作中的體驗能否移植到其他關係中，如果不能，是卡在了哪裡。

其實，舉這個案例就是想幫助你理解，孩子與好的父母的關係跟這很像。好的父母對孩子，和這位主管對她一樣，都有容器功能——你把事情做好了，認可你；你受挫了，支援你。而且，你可以冒犯我，我不需要你因爲服從而消融在我的世界，我願意看到你脫穎而出、一飛沖天，逐漸脫離我的懷抱。這還可以概括爲：**我願提供支援給你，同時也接受你顚覆我。**

思考題

你是如何看待「感覺」的？你又能否做到尊重自己的感覺呢？

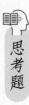

04

自我實現：發揮個體化自我的功能

本章我們用三節的內容講述了個體化自我，那形成個體化自我到底有什麼作用呢？這一節，就來談談個體化自我的功能。

從本書的開始讀到現在，相信你已經看到，從動力的誕生到意志的誕生，再到抽象自我的誕生，都是非常重要的心靈升級。那你有沒有想過，升級自己的心靈到底是爲了什麼呢？我認爲，這至少有一個極爲重要的功能，就是能讓我們有一顆更加堅韌的心。只有這樣，我們才能進入更複雜、更眞實的激烈競爭。前面講過，精神分析學派認爲，三到六歲的孩子會進入伊底帕斯情結期，也就是戀父戀母期，男孩想和爸爸爭奪媽媽，女孩想和媽媽爭奪爸爸。如果不太了解這個理論，你肯定會覺得難以接受這種觀點。但我要告訴你，可以把這種競爭理解成社會競爭的雛形。在這段期間的競爭，孩子既要把自己的競爭欲伸展出去，又不能眞的成功，畢竟「競爭物品」是自己的父母。所以，他們還要學習和異性父母的合作與和解。當孩子能處理好這種競爭與合作的關係後，他們在處理家庭以外的競爭合作關係上就有了一個很好的基礎。

實際上，三歲前的孩子和媽媽的關係中，競爭要更激烈，但這主要是想像層面的；而伊底帕斯情節期，當父親介入後，這時的競爭就是看得見的，是現實層面的真實競爭了。孩子必須有一顆堅韌的心才能展開競爭。在此之前，最理想的情況是孩子已經形成了個體化自我。

自我的外殼

自我有兩個部分，即外殼和動力。最好的自我結構是什麼樣的呢？如果讓我來形容，它有像人的皮膚一樣的外殼，這個外殼既有保護作用，又能和外界進行敏感而充分的互動；它內部的動力是自在流動的，像有生命力的水流一樣。下面就來分別說說這兩個部分。先看外殼，自我的外殼是非常重要的。

舉一個自己的例子。有一次，我在不斷深入自己的潛意識之後，潛意識的深淵嚇到了我。於是我向一位資深的心理諮商治療師請教，他告訴我，探索潛意識，或者說覺知心靈，是一件非常危險的事，需要有一個結實的自我能包住這些內容，他的話讓我很有收穫。其實，不僅探索潛意識需要有一個心靈的外殼，我們平時也一樣需要。在諮商工作和生活中與人深度對話時，我好像能感受到每個人不同的自我之殼，而基本上每個人也都對自己的自我之殼有自己的形容和理解。

例如，有個案告訴我，他覺得自己被困在了監獄裡，這個監獄有門也有鎖，但他一直覺得門上的鎖是打不開的。有一天，他在夢中發現，監獄裡有開鎖的鑰匙，而當他去開鎖時，發現鎖已經被打開了。而且，這把鎖不是在門外，而是在門裡面。也就是說，這把鎖最初是他從裡面鎖上的，不知不覺中，他已經打開了，但還沒有意識到。爲什麼要鎖上？因爲不安全。爲什麼要打開？因爲渴望別人能走進來。在做了這個夢以後，這位個案明白了，其實是他不願意主動走出去。因爲這樣就意味著是他發出了走出去找人的動力，而如果這份動力被挫敗了，他就會感覺很恐怖，甚至會受傷。他期待的是他主動打開門，由別人來找他。在我的幫助下，他明白了這個夢的含義，也明白了應該自己主動走出去。

關於自我之殼，我在常年的諮商過程中還發現存在另一個方向的極端意象，那就是有人會覺得自己是沒有皮膚的，是裸露在風中的。我認爲，有這種極端意象的人只有破碎的自我。他們不能保護自己，甚至暖風也會讓他們感覺痛。也就是說，即便別人溫柔地靠近他們，他們也會感到痛苦和敵意，同時會控制不住自己去攻擊別人。除此之外，還有些人關於自我之殼的意象是像皮膚，但又與皮膚有質的差別。例如，很多人覺得自己像是被困在一個塑膠薄膜裡，他們能從薄膜裡看到外部世界，看得還算清楚，也能隔著這層薄膜碰觸、感知別人，可是這當然還是有隔絕感的。有時他們會想撕掉這層薄膜，但這時他們會發現，這層薄膜無比堅韌，根本撕不破。這種感覺也令人覺得很恐怖。

但是，如果是另一種意象的皮膚，那就會是最好的自我之殼。這種皮膚和自己的身體有機地結合在一起，就像是身體的一部分，可以和外部世界有非常好的互動，敏感而又靈活。

內在的動力

動力如果被自我之殼包裹著，也會變得很不一樣。最好的狀態是，內在的動力既像肌肉，又有血脈，而且比這個更靈活。你會感覺到，這些動力有時就像水流一樣，在美妙地流動著。

人的動力有三種，包括自戀、性和攻擊性。雖然我們容易將這三者視爲不好的東西，覺得要去控制、壓制它們，但如果你體驗過它們酣暢流動的感覺，就會知道那有多迷人，甚至還會上癮。無論是自戀、性和攻擊性中的哪一種動力能流動，人都會產生高峰體驗。「高峰體驗」是美國人本主義心理學家亞伯拉罕·馬斯洛提出的一個經典術語。馬斯洛發現，自我實現者常常會說自己擁有一種特殊的生命體驗，「感受到一種發自心靈深處的戰慄、欣快、滿足、超然的情緒體驗」，由此獲得的感覺就像光一樣，照亮了他們的一生。這種體驗持續的時間雖然很短暫，但深刻無比。

我甚至可以用更極致的語言來形容這一切——當一種動力全然流動時，你會產生神性的體驗，會覺得自己的自我之殼消失了，「我」也消失了，你進入了一種「無我之境」，會體驗到「我就是萬物、萬物都是我」的合一感。

動力與規矩

將這個道理放到養育孩子和對待自己上，我希望你能明白**動力的流動，要比規矩重要很多**。我認爲，我們之所以想立規矩，至少有兩個原因：第一，擔心自戀、性和攻擊性這些動力是破壞性的壞東西，覺得如果它們流動起來，就會傷害別人。

第二，這些動力能比較好地流動的人會變得厲害、不太好管。用前面講的人性座標體系來理解，就是這樣的人容易在力量維度上發展起來，於是不太願意居於下位，不願意聽話。但是，比起人對動力流動的需求，這兩個原因就顯得沒那麼重要了。

人活在這個世界上，需要有一種基本感覺——我可以帶著主體感，也就是「我是我生命的主人」的感覺，走入外部世界。如果沒有這種感覺，人就會寧願把自己封閉起來，退到一個相對孤獨的小世界。這樣的小世界，無論在別人看來有多麼不合理，對自己而言都有巨大的意義——在這裡，我是主人。

例如最近幾年，每當我回到老家時，總有村裡或鄰村的人來向我求助，說他們的孩子從大城市回到家裡後都不願意出門了。我發現，這些孩子有中學生，也有二十多歲的成年人。可惜的是，我不能對他們從心理學的角度進行很好的干預，因爲心理諮商工作要建立在個案承認自己有問題的基礎上，並且他們要願意爲之付出努力並尋求改變。而這些年輕人，是他們的家人來向我求助，他們自己通常並不願意面對自己的問題。觀察後發現，這些年輕人其實是在激烈的競爭中落敗下來，覺得沒有希望了。用這一節的內容來說，就是他們覺得沒有希望把自己的生命動力外化了，於是選擇了退回到一個很低的位置上，或者退回到封閉的小世界中。

如果你不希望自己的孩子或者自己有一天也變成這樣，你就需要在這個世界中展開你的動力，這比規矩、紀律重要得多。懂得遵守規矩，能讓人和這個世界的衝撞變得輕一些，但如果這些來自外部世界的力量澈底主導了一個人的行動，那他就容易選擇嚴重的自我封閉。簡單來說，你必須懂得個體化自我非常寶貴，而人活在這個世界上，不是生來就要去順從的。威尼科特有一句話說得非常好，這一句話勝過我這麼多絮絮叨叨。他說：**「在養育孩子的過程中，需要一個不會報復的人，以滋養出這種感覺：世界準備好接納我的本能噴湧而出了。」**願你能滋養出這樣的孩子，也能滋養出這樣的自己。

思考題

學習了本章的內容，你有什麼新的收穫嗎？

第七章

初步試煉你的能力

你是我心緒圍繞的長空，是愛中之愛，
是我復活之地。
——魯米

引論

家庭是社會關係的原型

本書前六章一直在講孩子三歲前的母子關係，到了這一章，才引入父親的角色。至此，孩子開始步入三元世界。

在這之前，孩子一直處在母愛懷抱中。雖然他們已經開始試煉自己的力量，但母愛懷抱是一個初級且簡單的演練場，母親會被孩子感知為自己人，父親則會被孩子感知為外人。

父親、母親和孩子構成了一個複雜的三元關係，這是一切社會關係的原型。

三元關係的意義

三元世界，或者說三元關係，到底有什麼意義？

我曾經在微博上見過一些極端的所謂女權主義的觀點，比如：「為什麼非要父親加入？父親只是提供了一顆精子，母親現在不缺物質，社會也越來越能為母子關係提供支援，要父親幹什麼？」的確，現在出現了很多諷刺性的新名詞。比如「喪偶式育兒」，是說父親在育兒過程中就像不存在一樣，育兒成了母親一個人的事。再比如更糟糕的「詐屍式育兒」，是說需要父親幫忙的時候，他不在，但他又時不時跳出來指責母親和孩子。這樣的父親不僅一直在添亂，還想要主導權。如果真的遇到這些情況，父親簡直就是來剝削母親和孩子的，那確實就要問「要這樣的父親做什麼」了。不過，這些都是糟糕的情況。正常情況下，父親的存在會讓孩子天然地處於一個複雜的三元關係中，這有助於孩子心靈的進化。

當然，三元關係不只限於此，它其實無處不在。例如，當你和一個人發生衝突時，如果只有你們倆彼此爭鬥，你會發現很難判斷尺度。這時，你很容易就會想到去找一個第三方來評斷一下。這就是三元關係。對應到孩子和父母的三元關係中，並不是說父親就像裁判，而是說當父親與母親或孩子發生衝突時，另一個人可以做第三方進行評斷。這也就是為什麼說父親的介入讓孩子進入了三元世界。

現實世界中充滿了各種各樣的三元關係，所以，我們要學習如何在這種複雜的關係中既能展開自己的競爭欲，又能與人合作，還能掌握各種分寸。最初的三元關係就是父母與孩子的關係，孩子可以充分地學習，這是孩子進入真實社會前的一個重要的演練場。

競爭與合作

在家庭港灣（三到六歲）的階段，孩子需要完成的是競爭與合作，以及對規則的遵守與挑戰。

如果把孩子比作小鷹，那麼，自閉期的嬰兒就像還在鷹蛋中；共生期，即進入母愛懷抱後，孩子就像剛孵化出的小鷹，看上去還像是隻無害的小雞；分離與個體化期的孩子，就像開始長出了羽翼、尖牙和利齒的小鷹。

但是，這樣的小鷹還需要不斷磨練自己的攻擊力，而三到六歲的伊底帕斯期就是這樣一個階段。孩子需要在和父母的關係中磨練競爭力，又要學習合作。在和媽媽的二元關係中，孩子還不太敢這麼做，只有當更有力量的父親進入親子關係後，孩子才可以大膽展開攻擊性。

01 關係：父親是外部世界的象徵

在第六章講到無條件積極關注時，我們完整分析了女孩M的案例。這一節，再來看看這個案例，來談談父愛和母愛的不同。

融合vs.秩序

在M和媽媽修復好關係之前，她和爸爸的關係還不錯，可以打到六十分以上，和媽媽的關係則只能打三十分。不過，當和媽媽的關係得到修復，甚至實現了部分共生後，她對爸爸越來越不滿。因爲她發現，媽媽對她幾乎是完全接納的，但爸爸會對她有所挑剔。做爲旁觀者，我必須得說爸爸對她的挑剔其實並不多，我甚至覺得爸爸的批評都很有道理。

這是怎麼回事呢？我認爲，原因就在於父愛和母愛是不一樣的。榮格認爲，**母愛指向融合，父愛指向秩序**。在M這裡，就是媽媽會由衷地說「妳人可愛，做什麼都對」，喜歡起來，覺得女兒怎樣都是好的；可是爸爸會說，這是好的，那是壞的，這樣是對的，那樣是錯的。

榮格還認爲，**女性天然是情緒化的**，**男性天然是重邏輯的**，男性需要向女性學習情緒的感性力量，女性則需要向男性學習邏輯的理性力量。感性的情緒和母愛指向融合是聯繫在一起的，理性的邏輯和父愛指向秩序也是聯繫在一起的。如果是在情侶關係中，理性的邏輯要去理解情緒，不能輕易切斷情緒。因爲哪怕邏輯看上去再高明，也不能建立關係中的連結。**能夠建立連結的力量，來自感性的情緒。**

而在親子關係中，母愛的情緒力量帶來的巨大好處是，讓母親能與孩子建立充分的連結。只有具備這種不帶評判的力量，母親才有可能與嬰幼兒建立起共生關係。如果動不動就去進行理性認識，使用邏輯的力量，反而會破壞這種連結。所以，對強烈需要共生的M來講，認爲她可愛、她做什麼都對的母愛太重要了。沒有這樣的母愛，她就難以走出自閉之殼。

但是，當她的動力越來越能伸展時，就需要逐漸與媽媽分開。對孩子來說，這一點會非常明顯。但M是一個成年人，她的分離與個體化，可以說是和共生需求得到滿足攪在一起的——當她受不了媽媽時，她還有丈夫；當媽媽受不了她時，也可以去找她爸爸。

父親與三元世界

從孩子的角度來看，父親在孩子三歲前並不重要。這是客體關係理論家一致的看法。這裡說的「不重要」，是指父親不容易直接對孩子發揮作用，孩子也更在乎母親。你看，我們一直在講瑪格麗特．馬勒的理論，而她在講三歲前孩子的心理發展過程時，確實沒有關於父愛的論述。

但其實在這個階段，父親也有極爲重要的價值，那就是給妻子提供保護和支援。只有這樣，母親才能更好地容納孩子。這就是前文提到的，孩子的蛋殼有兩層，在母親需要專注地做軟殼時，父親就要做那個堅硬的外殼，保護妻子和孩子。在這個基礎上，父親能對三歲後孩子的成長發揮重要作用。父親的存在可以撐開母子關係，讓孩子活在三元世界中。如果用幾何圖形來理解，可以認爲：在共生期，孩子與母親徹底融合，就像一個圓，這是一元世界。在分離與個體化期，孩子與母親的關係就像一條線，這是二元世界。三歲之後，孩子進入伊底帕斯期，這時的關係世界就像一個三角形，即三元世界。這時，如果沒有父親的存在去撐開這個世界，母子的分離就有可能會失敗，進而退化到一元世界。

做為一名心理諮商師，我見過很多母子澈底融合的案例，其中大多數不是孩子想和母親融合，而是母親離不開孩子。而且，很多案例的原因都是母親自己在幼年時的共生需求嚴重沒有得到滿足，於是想在孩子身上尋求這種滿足。

我還見過非常嚴重的案例——母親不允許孩子找心理諮商師，孩子也因為被母親嚴重吞噬而很難邁出這一步。共生關係是嚴重排外的，在這種情況嚴重的個案中，母親通常也會把丈夫趕出母子關係，不讓父親對孩子產生影響。這很容易導致離婚，就算不離婚，父親在家裡也會像一個影子一樣，極度沒有存在感。

普通成年人是不會希望和誰嚴重共生在一起的。威尼科特認為，能充分滿足嬰兒共生需求的母親是特殊的，但只要孩子大一點，母親也會想脫離這種共生關係。而在這個前提下，父親的存在就非常重要了。

我們來想像一個場景。媽媽和孩子發生了衝突，兩個人都很激動。這時，如果丈夫站出來說：「來來來，老婆，妳離開一會兒，我陪陪孩子。」或者對孩子說：「你離開一會兒，我和你媽待在這一下。」就會很有用。當然，父親的作用遠不止於此。

前面講過，當關係只是「我」和「你」的二元關係時，做爲母親的「你」就象徵著外部世界，做爲孩子的「我」則象徵著內部世界。但是，當進入「我」「你」「他」的三元關係時，母親就變成了內部世界的一部分，父親才是外部世界。這就引出了一個根本性的隱喻——父親是外部世界的象徵。

關於父親，有一個說法是，**你與父親的關係決定了你與社會的關係**。意思是，一個人和父親關係好，就能比較好地融入社會；和父親關係不好，就會比較難以融入社會。這是因爲社會就是外部世界，而父親是最原始的外部世界，是外部世界的象徵。如果父親能與孩子建立起足夠好的關係，孩子在進入社會時就會容易很多。當然，最好的情況是父親已經比較好地適應了社會，融入了社會。

父親的努力

父愛與母愛還有一個巨大的不同。母愛像是天生就有的，一般情況下，孩子自然都會愛母親，這種愛一出生就有，因爲當他在母親肚子裡時就已經與母親有了無比深刻的連結。但父愛不行。父親想讓孩子感受到自己的愛，以及讓孩子也對自己產生愛，需要付出一些努力。父親不能什麼都不做，或者做得非常簡單，不能等著孩子來和自己建立密切的關係。

來看一個現實的案例，Amazon 的創始人傑夫．貝佐斯的經歷。貝佐斯三歲時，生父泰德．喬根森就離開了他，他一直和繼父生活在一起。直到功成名就後，有記者去採訪，喬根森才知道原來那位世界頂級富豪是自己的兒子。喬根森是一家自行車修理店的店主，生活貧困，生前想和兒子取得聯繫，但一直沒有成功。等他死後，貝佐斯才到他的墓前看望。另一位知名人物，蘋果公司的創始人史蒂夫．賈伯斯，也是一出生就被親生父母送人了，而養父母對他很好。賈伯斯最終承認了自己的生母，但一直沒有承認生父。

在做心理諮商的過程中，我見過很多情況沒有這麼嚴重的案例。例如，孩子從小就離開父母，跟著其他養育者，如爺爺、奶奶、保姆等生活。長大一些後，再回到父母身邊。這時，母親通常比較容易和孩子恢復情感，但很多父親容易表現得很急迫。他們最初也做出了一些努力，可是看到孩子沒有給予回應，他們就很快放棄了。有些糟糕的父親還會反過來指責、攻擊孩子，結果導致孩子對他們更加反感，父子之間就像變成了仇人一樣，甚至一輩子都沒辦法修復。

其實在我看來，容易氣急敗壞的父親本質上也是一個寶寶，他們期待孩子能給自己回應，希望自己稍微努力，孩子就能愛上自己。但這是不可能的。你想一想，母愛能住在孩子心裡，需要的不僅是懷胎十月生育孩子，還需要在孩子三歲前給他穩定且高品質的愛。父愛當然也是這樣。如果想讓父愛住在孩子心中，父親就需要做出同等級別的努力。

愛，從來都不簡單，不可能一蹴而就。

思考題

請回憶一下爸爸給你「外部世界的象徵」的一件小事，他是如何讓你從他身上看到更大的世界的？

02 競爭：父親是所有敵人的原型

上一節講了父愛與母愛的不同。孩子對母親的愛像是自動獲得的，當然，這其實是靠母親懷孕、分娩、哺乳和陪伴換來的。比起母親，父親更需要努力。不僅如此，父親的存在還有一個重要的意義，那就是承載並化解孩子內在的敵意。對於這一點，美國神話學家約瑟夫·坎伯有一個經典的說法——父親是所有敵人的原型。

這一節，我們就來談談這個問題。

父親是所有敵人的原型

關於父親是所有敵人的原型，有一種簡單的理解。最初，當孩子還處在與媽媽的共生關係中時，他會把媽媽覺知為自己內部世界的一部分，而爸爸不僅是外部世界的象徵，也是想從外部世界闖入這種共生關係的「敵人」。

這不難理解，因為任何想要闖入高度共生關係的人，都會被想控制這個關係的人視爲敵人。例如，很多婆婆仇視兒媳，因爲她們想和兒子共生在一起，兒媳是破壞這種共生關係的人，自然就會被視爲敵人。爲什麼說父親可以化解孩子內在的敵意呢？當一個人內心充滿敵意時，必然要去尋找外在的敵人，這叫作「投射」。當某個外在的關係能容納並轉化這份敵意時，這個外在的轉化又可能會被他內攝進來，於是，他內在的敵意就被轉化了。

這是一種非常重要的機制。所以，父親最初被孩子視爲敵人並不是一件壞事。畢竟，不管母子關係是一元關係還是二元關係，在容納敵意上都很困難。我們可以把敵意理解爲死能量。前文提到過，動力原本都是中性的，當表達動力失敗了，就會變成死能量；表達成功了，就會變成生能量。

一元關係完全接納不了死能量，因爲在一元關係中，人們覺得死能量會把自己殺死，所以要把敵意完全排擠出去。例如，我的一位男性個案覺得自己是天底下最好的人，周圍的人都是壞人。還有些人稍不如意就會暴怒，這都是因爲他們的心靈完全容納不了死能量，要拚命地把死能量向外投射。二元關係就會好很多，畢竟，當和母親建立了密切關係後，孩子會覺得向母親扔一些敵意是可以的，母親能接得住。不只是親子關係，其他親密的二元關係也一樣。不過，如果只有二元關係，人們還是不敢向對方扔太多敵意，例如恨意。因爲假如你的生命中只有一個珍愛的人，你就不能恨他，會擔心一旦表達出了恨、敵意等死能量，對方就有可能會被殺死，這太可怕了。所以，最好是在二元關係之外，找另一個人去恨。

如果找一個普通人去恨，由於對方根本沒有必要容納並轉化你的恨，因而他可能會報復你，也可能會轉頭就走。但如果這個人是你父親呢？你是他的孩子，這就變得很不同了。

愛恨的表達

看到這裡，你可能還沒有完全理解。所以，下面來想像一種情況。當然，這對很多人來說可能就是眞切的感知。

你和我正處在二元關係中，我們都覺得這個世界上我只在乎你，你也只在乎我。這時，我們之間很難有表達和容納恨的空間，都會覺得對方完全是好的。一旦有恨意升起，會感覺這個關係好像一下子變得全壞了。或者說，恨意會讓你懼怕，因爲你好像要殺掉我一樣。在這樣純粹的二元關係中，愛和恨都是直截了當的。你一表達出來，就希望直接傳到對方那裡去。表達愛，對方得立即接住；表達恨，對方也得接住。接不住，這種恨意就會反彈到自己身上。所以，二元關係很迷人，但它的張力可能也是極大的。可是一旦變成三元關係，情況就不同了，因爲愛和恨可以繞彎了。你可以分化愛和恨，把愛表達給在乎的人，把恨表達給不太在乎的人，這樣就可以保護好的關係了。

我認爲，孩子在三歲前會產生很多敵意，甚至是恨意。因爲他們太過無助，即便有媽媽等養育者盡心盡力地呵護，他們也依然有很多動力和意志不能實現。把這些敵意和恨意憋在內在世界是很不舒服的，不如表達出來。

這時的表達很重要，因爲孩子的力量太小，就算他們全力表達自己的攻擊性，對父親造成的傷害也很有限。我們得理解父親力量大、塊頭大，能與孩子玩攻擊與被攻擊性相對更高的遊戲。我和網友探討過這個問題，至少有兩位父親對我說，這下他們總算明白了爲什麼孩子曾經對他們說：「爸爸，不知道爲什麼，同樣的事媽媽可以做，但你做就是不行。」「敵意」「恨意」「死能量」等詞中都藏著這樣一種資訊——攻擊性是很可怕的。父親要明白這一點，然後歡迎孩子投射敵意，陪孩子玩攻擊與被攻擊的遊戲。**當這變成一場打鬧時，可怕的部分就被轉化了。**

所以我覺得，父親在面對孩子時可以不用那麼小心翼翼。通常來說，父親也的確沒有母親那麼細心。

鼓勵競爭欲

我曾經去一個城市講課，請我講課的朋友說，聽眾中會有一個難纏的年輕人，要我留意一下。果然，當我面對二十幾個年輕人講課時，其中一個帥小夥子把腳蹺在桌子上，表示挑釁。後面我講的話題剛好和孩子對父母的挑釁有關，這好像搞得他有些尷尬，也可能是我的有些話說進了他心裡，沒過多久他就把腳放了下去。

課後，這個年輕人過來和我交流。他說：「武老師，我們家有個規矩，凡是我爸爸做的決定，永遠都是對的；凡是我做的決定，永遠都是錯的。」我本來以為是父親在刻意打壓兒子，但仔細聊了聊之後，我才發現不是這樣的。其實是這位父親的確太厲害了，他能力太強，就算不故意與兒子競爭，最終也給兒子造成了這種感覺——我永遠都沒有老爸厲害。後來，這位父親也來到了我的培訓課堂。他在和我的談話中提到了一件事。兒子小時候有一次和他玩拳擊遊戲，玩著玩著，他不小心摔倒了。幾乎同時，兒子一拳打在了他身上。在倒下去的那一刻，他從兒子眼裡看到的是極度的失望。

這位父親對這件事的理解是，他讓兒子失望了，讓兒子受傷了。所以他下決心，以後再也不讓兒子失望。他本來就是一個很厲害的人，朋友常用「完美」來形容他，而這次拳擊事件之後，他變得更加無可挑剔了。這才導致出現了前面那個家庭規矩——凡是爸爸做的決定，永遠都是對的。

自戀是人的根本屬性，每個人都想在力量維度上充分釋放自己，所以自然想和任何人競爭。人們先和母親競爭，然後和父親競爭，也包括和其他人競爭，例如兄弟姐妹之間競爭。父母需要清晰地意識到這一點，不能把這種競爭視爲洪水猛獸去打壓，相反，要鼓勵孩子表達自己的競爭欲。

到了伊底帕斯期，這種競爭欲會變得非常明顯。所以父母，特別是父親，可以在各種競爭遊戲中讓孩子偶爾贏一下。當然，也不必做得太過，不用總是假裝輸掉。我認爲，可以把這當作一個半想像的遊戲，父母和孩子都有輸有贏就好。這樣可以讓孩子充分體驗在力量維度上起起伏伏的感覺，既能享受在高位的感覺，又能承受有時降到低位的狀態。

對伊底帕斯期經典的解釋是，男孩想和爸爸爭奪媽媽的愛，女孩想和媽媽爭奪爸爸的愛。這一部分非常複雜，本書就不展開闡述了。不過我認爲，可以把這時期的任務理解爲讓孩子學會競爭與合作。孩子的內在世界本來藏著很多濃烈的敵意，他們懼怕這些敵意的表達，懼怕會對別人，特別是對自己最愛的父母造成巨大的傷害。但當孩子發現這不是眞的，發現父母可以容納這些敵意，並且這些敵意能在關係中被接納、轉化時，它們就會成爲一種活力，既可以滋養關係，也可以滋養孩子。當獲得這種感覺時，孩子就會感覺到自己的競爭欲被祝福了。

思考題

已經成年的你，能不能順暢地表達自己的競爭欲？你遇過什麼樣的困難？

03 規則：關係中要有「神聖第三方」

這一節來談談規則。前面講到了三元關係，這裡要提醒你的是，把父親視爲關係中的第三元，並不意味著只有構成實實在在的三方力量才叫三元關係。實際上，在更多時候，這個第三元是以規則的形式存在的。

兩種規則

規則有個好處，就是當規則很清晰時，相關的人都會知道分寸和邊界在哪裡。相反，當規則不清晰時，邊界也是模糊的，甚至是混亂的，人也就不知道該怎樣把握分寸，進而產生很多焦慮。

舉一個我親身經歷過的例子。不久前，我去買了一臺比較貴的相機，在和店老闆聊天時，他告訴我很多客戶都很有錢，而他們常常表達這樣一個觀點：我並不在乎錢，但我在乎自己會不會被騙。比如，某個客戶花四萬塊人民幣錢買了一臺自己喜歡的相機，這是他心儀已久的，拿到後很開心。但和另一個人聊天時，對方說：「啊，我也買了這款相機，只要三萬七千塊人民幣。」對這個客戶來說，三千塊錢其實根本不算什麼，但他覺得自己被騙了，因此產生了強烈的羞恥感和憤怒。

我認爲，這不是錢的問題，而是邊界的問題。當邊界清晰時，我是我，你是你，我沒有侵犯你，你也沒有剝削我。當邊界變得模糊、混亂時，人就會花很多時間和精力去想自己有沒有侵犯你的邊界。而如果一個人發現自己的邊界被侵犯了，哪怕受損害的實際利益並不多，沒有守住邊界的感覺也會讓他產生強烈的羞恥感和憤怒等情緒。

依照榮格的說法，母愛指向融合，父愛指向秩序，而這會導致兩種規則。如果母親喜歡制訂規則，那很容易變成不管大小，什麼事都得按照她的想法來。如果父親制訂規則，則相對更容易制訂一些粗糙但重要的規則。可以說，**父親可能有專制色彩，但他們是真有規則；母親的規則容易是模糊的，且常和她們的情緒聯繫在一起。**

那兩者兼具就是好的嗎？想想看，如果一個人既專制又瑣碎，制訂的規則非常多，同時又很情緒化，那規則的邊界就會很輕易地變來變去。這是最可怕的事情，其中的含義是：「其實只有一個規則，那就是我想讓你怎樣，你就得怎樣。」這是全能自戀演化出來的規則，也意味著根本沒有規則。

基本公平的神聖第三方規則

要想眞的形成三元關係，規則必須有一個特點——基本公平。雖然我們講一元關係和三元關係，但其實所有關係的基本落腳點都是二元關係。當有基本公平的規則時，雙方都被約束，就形成了三元關係。這就像一個三角形，關係雙方是三角形底端的兩個角，基本公平的規則則是三角形上端的角。這樣的規則，我把它叫作「神聖第三方規則」。

只有基本公平的神聖第三方規則，才能把二元關係變成三元關係。如果規則不公平，主要是用來維護其中一方的，那它就會成爲一方的幫兇，二元關係就會坍塌成一元關係，其中一方會被另一方吞沒。

一元關係中的焦慮最大，因爲被吞沒的一方會覺得自己被殺死了，心靈會被死能量充滿；而掌握一元關係的另一方也會擔心對方反撲，所以要時刻保持警惕。三元關係中，因爲三方形成了一個三角形，所以有了空間，這份焦慮也就會被化解。

在親子關係中，一定要注意，規則不能只用來約束孩子。例如，整天玩手機的父母給孩子制訂不能玩手機的規則，這就不是神聖第三方規則。不管用什麼說詞，例如「你還小，現在不行，等你大了就可以了」，都不能讓孩子感到信服，他只會覺得自己是被壓制的一方。雖然大人可以用言語暴力甚至是身體暴力來逼迫孩子服從，但那也只是服從而已。一旦有機會，孩子就會想辦法破壞這種服從。

與神聖第三方規則對立的，是權力規則。這是指規則就是不平等的，就是我用來壓制你的，你不服從，我就會對你實施暴力。權力規則只能用來增強「我」的力量，壓制「你」的力量。例如，聽話就是一個權力規則。下面來看一個案例，它來自催眠大師彌爾頓．艾瑞克森的《催眠之聲伴隨你》一書，是發生在艾瑞克森家裡的一個故事。故事中，主人公是他自己、他的女兒，還有他的外孫女。

一個週日，我們全家人正在閱讀報紙，我的外孫女克莉絲汀走向她的母親貝蒂，一把搶過母親手中的報紙並扔在地上。貝蒂說：「克莉絲汀，這不是一個很好的行為，把報紙撿起來還給媽媽，再向媽媽說聲對不起。」

「我不需要這麼做。」克莉絲汀回答。

家中每個成員都提出了同樣的要求，也都被她用這句話擋了回來。於是，我請貝蒂把她抱進臥室，安放到我身邊。克莉絲汀神情傲慢地看了看我就往下爬，我卻抓住了她的腳踝。她說道：「放開我！」

我回答：「我不需要這麼做。」

她用力踢打、掙扎，很快，她掙脫了一隻腳踝的束縛，我立刻握住了她另一隻腳踝。這是一場奮不顧身的戰爭——猶如兩個大力士之間無聲的較勁。經過四個小時的奮戰後，她終於認輸了，轉而對我說：「我去撿起報紙還給媽媽。」

我趁機使出殺手鐧：「妳不需要這麼做。」

她的小腦袋開始快速運轉，急忙說道：「我會撿起報紙。我會還給媽媽。我會向媽媽道歉。」

我依舊不為所動：「妳不需要這麼做。」

她開始大聲地說：「我會撿起報紙。我要撿起報紙。我要向媽媽道歉。」

我說：「很好。」

在這個故事中，艾瑞克森是在做一面鏡子，讓外孫女看到自己在做什麼，而且幫助她完成了一個轉變——從「我會這麼做」的被迫，變成「我要這麼做」的主動選擇。這是在維護家庭中的規則，但這是艾瑞克森家中所有人都要遵守的規則，而不是只用來管孩子的。

讓活力流動

規則很重要，但它本質上是爲了讓活力流動。如果規則適度且基本公平，人就會覺得規則就像水壩，把洶湧澎湃的生命力水流攔住，同時又沒有損壞這股水流的流動。如果規則是模糊的，水流就容易肆意流動，就像發生水災一樣。如果規則太多，就有了太多的阻擋，會損壞水流的流動，容易導致堵塞。

對孩子來說，要到三歲之後規則才會變得特別重要。一個重要的原因是，在三元關係中建立規則比較容易。畢竟，在只有母親和孩子的二元關係中，如果母親要去建立規則，這就是既當運動員，又當裁判。這時，母親的規則會讓孩子充滿嚴重的焦慮。

例如，我有一個個案是個女孩，她經常做一個夢，夢裡有一輪明亮的月亮在盯著自己，這讓她非常不安。我認爲，太陽象徵著父親，月亮象徵著母親，所以，盯著她的月亮其實是母親的化身。隨著對她的了解不斷加深，我發現果眞是母親對她的控制比較嚴重，而且父親時常缺席。

要等父親介入，孩子感覺自己進入了三元世界後，哪怕仍然是母親在制訂規則，孩子也會感覺不一樣。這時，當自己和母親發生衝突時，運動員和裁判的角色可以分開了。正常情況下，母親也會知道，最好是讓父親來做裁判。不過，如果碰到極為專制的母親，情況就不一樣了。例如，有個案在講述自己的家庭環境時說，母親嚴厲地攻擊自己時，如果父親想幫自己，母親就會訓斥：「哪裡有你說話的分！你以為你是誰？」如果是父親專制，同樣也是很嚴重的問題。

在正常的家庭中，會自動分化出運動員和裁判這兩個角色。畢竟，正常的父母都更願意看到孩子開心和成長，而不是一味樹立自己的權威。

⌛

看到這裡，我想你已經明白了父親的價值——他們不僅可以為家庭提供保護，更重要的是，當父親介入母子關係後，孩子的世界就可能從二元世界進化到三元世界。這對自我的形成非常重要。而在我們和他人建構關係時，制訂神聖第三方規則非常有必要，它是我們把握分寸、劃清邊界的基礎。

思考題

如果你正在為某種關係感到焦慮，那你可以看看，關係中的規則是否模糊不清。如果你正處在某種深度且和諧的關係中，也可以審視一下其中有哪些適度的規則。關於在關係中制訂規則，你有什麼心得嗎？

04 分離：家庭是你進入社會前的練習場

按照瑪格麗特．馬勒的理論，孩子會在三歲時實現與母親的分離，並完成自己的個體化。但我發現，很多成年人都沒有完成與母親的分離，甚至終其一生都沒有做到這一點。下面來看一個社會事件，也是一個看起來有點極端的案例。

二〇一六年，山東德州爆出了這樣一個新聞。一位婆婆報警，說自己的媳婦在家裡大吵大鬧，還砸壞了不少東西。員警到場之後了解到，媳婦之所以大鬧，是因爲她和丈夫已經結婚三年了，但丈夫居然每個月都有幾天要跟婆婆睡在一張床上。婆婆甚至說：「反正妳已經幫我們生了孫子，妳就和我兒子離婚吧，我跟兒子過就行。」

你肯定會覺得這太不可思議了，怎麼會有這樣的長輩，這位丈夫也不像個成年人，對吧？可是，在做心理諮商的十多年間，這種情況我還眞見過不少。根據我的觀察，這種情況就是因爲沒有完成與媽媽的分離，還和媽媽共生在一起。前面講過很多次，多數時候，這不是孩子的需求，而是媽媽的需求。

一般來說，情況就像這個案例一樣：孩子成家後，媽媽會跟著孩子去他的新家，而爸爸未必願意去。所以，經常出現的結果是，媽媽介入了孩子的小家庭，而爸爸自己在老家待著。過去，這常見於母親跟著兒子，但現在，因爲獨生子女很多，母親跟著女兒的現象也變得很常見了。

父親的功能

前面這個案例有一個背景，那就是男方的父親早早過世，這對孤兒寡母一直相依爲命。這增大了孩子與母親分離的難度。相反，如果父親一直在，而且正常地發揮了父親的功能，那他至少可以在三個方面發揮作用，讓孩子與母親的分離變得容易很多。

第一，父親可以直接把孩子帶出母親包圍圈。

不完成與媽媽的分離，孩子就會陷入黏稠的關係泥沼，沒辦法掙脫。這個泥沼，就是母親包圍圈的象徵性表達。如果母親不想放手，想黏著孩子，那孩子想靠自己的力量掙脫的確很困難。但是，如果父親過來拉一把，事情就會變得容易很多。

第二，父親做為外部世界的象徵，可以減輕孩子對社會的恐懼。

在一元世界中，「我」會把「我」之外的世界都視為敵人。在二元世界中，「我」和「你」之外的世界都是敵人。所以，父親做為母子關係之外的存在，是所有敵人的原型。孩子和母親的關係陷得越深，外化完成得越差，對外部世界的敵意和恐懼也就越大，這會嚴重影響孩子進入外部世界。但如果父親能承受孩子這種敵意的投射，就能幫助孩子化解敵意，從而降低他進入外部世界的難度。

不過，如果父親的社會化完成度很差，是一個非常封閉的人，那這一功能會弱化很多，孩子也會對父親產生很深的失望。所以，關於父親才會有這樣一個說法——最好的父親是給孩子一個忙碌的背影。意思是，忙碌的父親雖然通常有可能忽略了家庭，但他們會比較適應社會，而這自然會減輕孩子對社會的恐懼。如果孩子以父親為傲，父親在社會上是個強者的形象，這就會內化到孩子的心中，於是孩子融入社會的難度也就低了很多。

第三，當孩子離開時，父親能好好地陪伴母親，會減輕孩子對母親的內疚和擔憂。

有兩種母親會黏住孩子，一種是強控制型的，她們主動黏住孩子；另一種是虛弱型的，對於這種母親，當孩子想離開時，會擔心母親過得不好，甚至會擔心沒有自己，母親會死掉。但不管是哪種類型，只要她們不孤獨，有父親陪伴在身邊，情況就會好很多。如果父母感情很好，那就更好了。在這種情況下，孩子就可以比較坦然地離開母親。

總結來說，**健康的家庭會呈現出相似的畫面：父母恩愛地肩並肩站在一起，共同祝福孩子走向獨立，去尋找自己的世界。**這也是一些家庭治療中，做「家庭雕塑」時經常看到的模式。

家庭雕塑

「家庭雕塑」是美國家庭治療師維琴尼亞．薩提爾創建的一種心理治療模式。方法是讓家庭中的一位成員扮演導演，來決定其他家庭成員的位置。這裡的其他家庭成員可以是眞實的，也可以是由其他人扮演的，甚至可以用物品代表。治療師可以透過看對家庭成員擺放的位置、距離，擺放時的肢體動作等，來觀察這些成員之間的關係。家庭成員則可以透過這種把關係視覺化的方式，來審視自己的關係模式、溝通模式等。

這就有了前面提到的那個畫面，很多健康的家庭在做家庭雕塑時，都會展現出這樣的模式。有問題的家庭也有一個普遍的模式——缺席的父親、焦慮的母親和有問題的孩子。如果父親缺席，母親就容易黏孩子，就算沒有主動去黏孩子，孩子也會選擇靠近母親。這時，孩子常常就不再是孩子，而是變成了母親伴侶的角色。這在很大程度上意味著孩子的童年結束了。

依照佛洛伊德的理論，在伊底帕斯期，男孩會和爸爸爭奪媽媽，女孩會和媽媽爭奪爸爸。反過來，爸爸也會和兒子競爭，媽媽也會和女兒競爭。但是，不少家庭中出現的一個問題是，爸爸乾脆離開家庭，還主動把孩子推向媽媽。這是因爲男人覺得妻子的情緒化太可怕了，他接不住，想躲開，甚至想逃走，於是把孩子推過去做安撫媽媽的工作。

我的許多個案都在這方面有非常相似的回憶：當媽媽痛哭時，爸爸會過來找他們，悄悄對他們說去陪陪媽媽。然後，爸爸就離開了。這樣一來，就意味著丈夫逃離了妻子，也逃離了家庭，進而讓母子關係變得更黏稠，最終阻礙了孩子走向獨立。如果母親強大、不孤獨，且能很好地適應社會，那麼就算父親缺席，孩子在進入外部世界時也不會很難。所以，前面講的這些並不是必然會發生的。但不得不說，這對母親的要求太高了，意味著她們既要當媽，又要當爸；既要承擔呵護孩子的軟殼功能，又要承擔保護孩子的硬殼功能。

總體來說，比較理想的情形是父親能很好地和母親在一起，這會讓孩子與母親的分離變得簡單很多。

競爭之外的認同

伊底帕斯期包含的不只是競爭，還有認同。

在這個時期，孩子本來想和同性父母爭奪異性父母的愛，讓這份競爭欲得到伸展很重要。但如果孩子最終發現他不能眞的實現這一點，那該怎麼辦呢？如果孩子和同性父母的關係不錯，那他會自己找到一個解決辦法，就是向同性父母認同。例如，對男孩來講，他意識到不能把媽媽從爸爸身邊搶走，但他可以向爸爸認同，變得和爸爸一樣，然後去找像媽媽那樣的女人。反過來，女孩也一樣。別小看了這一點，我認爲，這種認同是合作的基礎。當然，這種認同的產生還有一個前提，就是父母之間是有愛的。如果父母的關係不太好，孩子要產生對同性父母的認同就會很困難。

父母需要意識到，**雖然我們常用「港灣」來形容家庭，但也不能忘記，家庭其實也是孩子進入真實社會前的一個練習場。**在這個場上，大人不僅要教孩子遵守規則，懂得合作，甚至更重要的是，要讓孩子展開他的競爭欲，就像讓小鷹可以肆意地伸展翅膀一樣。

思考題

請你結合學到的知識以及自己的經歷，談一談家庭對一個人成長和發現自我的真正作用。

第八章

充分展開你的自我

你生而有翼，
爲何竟願一生匍匐前行，形如蟲蟻？
——魯米

引論

進入社會熔爐和無限世界

從本書最開始我就講到，成長像是一個破殼的過程，先破開自閉之殼，進入母愛懷抱；接著，離開母愛懷抱，進入家庭港灣；再從家庭港灣進入社會熔爐；最後，破掉社會熔爐，進入無限世界。

這裡面一共有五個階段，不過你可能已經發現了，本書對這五個階段在篇幅的設置上很不均衡——自閉之殼和家庭港灣的部分都只占了一章；母愛懷抱是本書的重點，也最有分量，占了五章；而這一章，講的就是社會熔爐和無限世界這兩部分的內容。

為什麼這兩部分只占一章，跟母愛相關的內容卻占了五章呢？首先，本書主要是在講自我的誕生，而在正常情況下，這是三歲時就該完成的。其次，現代精神分析理論，特別是客體關係理論，把重點放到了母親和孩子的關係上。精神分析學派還認為，一個人的人格會在六歲前定型，以後就是不斷展開它的過程。最後，在做心理諮商的過程中，我觀察了很多個案的案例後發現，的確有很多人是卡在了和母親的關係之中。

⌛

本章的主題是社會熔爐和無限世界。

社會熔爐指的是你所在的社會文化空間，這是比家庭港灣更大的空間。當一個人的成長刺破家庭港灣這個殼後，就進入了社會熔爐。社會熔爐同樣可以被刺破，然後就進入了無限世界。當自我發展到這一步時，你就像在無限的天空中翱翔的雄鷹。而這樣的成長，需要一次又一次的「叛逆」。當你在無限世界中翱翔時，心中會住著過去獲得的所有愛，那是每一層空間對你的容納。

前面講到過，孩子先是在和母親的關係裡形成個體化自我，接著，在有父親參與的三元關係裡初步掌握社會化的技能，學會處理競爭與合作的矛盾。現在，孩子可以離開家庭港灣這個容納性空間，進入現實世界了。

社會熔爐也好，無限世界也罷，都不像母愛懷抱或家庭港灣一樣有那麼強的容納性。因此，進入這裡需要一個人既能充分地展開自己的力量，又能處理好複雜關係。就像一隻初具殺傷力的小鷹，進入廣闊世界後，既要磨練自己的利爪、尖嘴和羽翼，讓它們變得更強，也要學會掌握使用它們的力度。

01 拓寬時空：離開父母給予的港灣

從自閉之殼到母愛懷抱，到家庭港灣，再到社會熔爐和無限世界，這個成長過程其實是空間不斷被拓寬的過程。特別重要的是，一個人在成長過程中，需要意識到時間和空間的存在，然後不斷拓寬自己的時空。

成長動力的來源

在思考這個問題時，我想到了自己的故事。

從時間上看，我一九七四年出生，沒過幾年中國就改革開放了，所以可以說我是在成長的過程中見證了中國翻天覆地的變化。

從空間上看，我在河北一個普通的農村長大，我家還屬於村裡的貧困戶。我在村裡就讀小學，初中是到鎮上讀的，高中則是在一間重點學校就讀。後來，我考上了北大，先在中國人民解放軍信陽陸軍學院❶接受了一年軍訓，然後才去北大本部讀書，一直讀到碩士畢業。畢業後，我到了廣州工作，一直到現在。我覺得，我也算是在社會熔爐中充分歷練過了。

一直以來，我給自己的定位是「宅男作家」，外加明顯的「濫好人」。宅，其實就是封閉，我覺得自己也沒有很好地完成外化。不過，這也並不全是壞事。

前不久，我和我的諮商師談到這一點時，覺得有些慶幸，慶幸自己年輕時不是那麼會處理人際關係，所以沒有在這方面花太多時間，算是迴避了這個難題。那時的我對周圍的世界總是不那麼認同，所以一直有一種莫名的動力，想到更大的世界去看看。

我對自己的分析是，因爲沒有太認同自己所在的狹窄的農村世界，所以我的內在有一個不一樣的時空。那這個時空是從哪裡來的呢？答案其實也簡單，從讀書中來。

我小時候生活的村子雖然不算偏遠，但除了教材，想讀到一本好書也是非常不容易的。我有一個哥哥和一個姐姐，哥哥大我八歲，他的教材我全都讀過了，當然，可能沒有讀懂。姐姐偶爾會往家裡拿一些雜誌，我也看了。不誇張地說，我把家裡所有有字的東西都讀了。這些書雖然不能算好書，有意思的也不多，但依然讓我覺得在所在的世界之外還有一個世界，好像能朦朦朧朧地感知到或想像到那樣一個世界。這種感知或想像影響了我的一些重大決定。

例如，那時農村孩子考試時都拚了命地去考師範學校，因爲考上了，他們的戶口就能變成非農業戶口了。對那時的村裡人來說，這是「鯉魚躍龍門」一樣的升級。幾乎所有人都去考，可以想像競爭有多激烈。我上初三時，班上就有一個女孩初中讀了九年，不斷重考，就爲了考上師範學校。

初三一開始，我的成績突飛猛進。到了升學考時，我的成績足以讓我考上師範類的學校了。最初，我的確也受到了影響，很想報考這類學校。但在報志願的最後一刻，我放棄了這個選擇，改報了一所重點高中。可以說，我和同學們的命運在那一刻就變得不同了。

我的好幾位初中好友學習成績都很好，他們都一心想考師範類學校，最後大多

1. 早年間，中國人民解放軍信陽陸軍學院曾和北大聯合辦學，北大學子必須在信陽陸軍學院訓練一年，然後再進入北大深造。

也都考上了。可是你一定知道，隨著社會的發展和開放，農業戶口和非農業戶口越來越沒什麼區別了。後來，中國也取消了農業戶口和非農業戶口的性質區別，建立了統一的居民戶口。當時我身邊很多人努力學習的根本動力和目的，已經變成了所有人都能輕鬆獲得的東西。

除了這些同學，還有一位令我印象深刻的朋友。他家在村裡算家境比較好的，學習成績比我好很多，情商和整體人格結構也都相當好。但不知爲什麼，讀初中時，他開始相信讀書無用論，決定不繼續讀書了。後來，他一直都是村裡能力最好的，日子也差不多是村裡過得最好的，小家庭和大家族都很和睦。但我總是替他感到惋惜，因爲他的人生就被鎖在村裡了，而他原本是可以走向外面更大的世界的。

我以前總在想，到底是什麼驅使我在關鍵時刻做出了不一樣的選擇？爲什麼我能一直堅持讀書？我想也許一個關鍵的原因是，我讀了很多沒用的書。無論是前面說到的有用的教材，還是沒用的雜誌，凡是有字的，我都讀。而大多數同學都不想把時間浪費在沒用的書上，都在讀教科書。可能就是因爲這些，當我身在二十世紀八〇年代的北方農村時，腦海中想到的是一個不同的世界，心中模模糊糊地憧憬著一個不一樣的時空。然後，這成了我心靈中的一幅圖景，誘使我做出了不同的選擇。

除了這個原因，還和我的父母有很大關係。哪怕他們對我說過一次：「我們家窮，你考師範吧！」估計我就不會報考高中了。但是，父母從來沒有這樣要求過我。以上是關於我自己成長的故事。很顯然，對我來說，成長的動力一是來自讀書，二是來自父母。

現實層面與想像層面

閱讀完本書前面的內容，你應該已經知道，在正常的發展中，孩子需要完成與家庭的分離。如果有父母的鼓勵和允許，這就會變得容易很多。無數愛孩子的父母都願意鼓勵他們走向獨立，而這時我們可以看到，孩子時空的拓寬至少有兩個層面，一個是現實層面，另一個是想像層面。

在現實層面，父母可以多帶孩子去不同的地方，這可以發揮幫助孩子拓寬時空的作用。我去過兩次南極，每次都看到有父母帶著不同年齡層的孩子去那裡。二〇一四年，我第一次去南極時，同行的一位小女孩就創下了南極遊客中的最小年齡紀錄。我相信，對這些孩子來說，真實空間的拓展會直接對他們造成巨大的影響。

在想像層面，讀書或者說知識面的拓展，也會發揮這個作用。知識有一個特點，就是可以超越時間和空間。你可以由此在想像層面任意拓展，獲取成長的動力。用我們常說的一句話來說，就是「讀萬卷書，行萬里路」，這可以極大地拓寬一個人的時空。

父母的限制

不過，現實生活中的情況可能並不都是這麼理想的。例如，父母可能不願意讓你離開家，這時該怎麼辦？

如果想進入家庭以外的社會熔爐，甚至是無限世界，那首先要知道，有想要離開的想法是再正常不過的。當父母激烈反對時，你需要做的就是堅持自己的想法。可以試著在那些關鍵的人生節點上做出符合自己內心的選擇，特別是在升學考報志願、找工作這樣的事上。

在做心理諮商的過程中，我見過很多悲慘故事。一些個案年輕時大多很聽父母的話，仍然活在家庭港灣甚至是母親包圍圈中。雖然自己感覺到了束縛甚至窒息，但到升學考報志願、找工作等需要做重大決定的時刻，他們還是不想讓父母傷心，選擇了離父母最近的地方。這樣做導致的結果是，他們一直沒有拓寬自己的時空，成長的動力也早早被消磨乾淨了。而這份束縛感和窒息感可能會越來越重，如果他們遲遲沒法做出離開家的決定，等父母老了以後，再做這種決定就更難了。

我常常建議個案，在父母還在壯年時早做決定。因爲這樣雖然會爲父母帶來巨大的衝擊，但他們還有時間和空間去適應孩子不在自己羽翼下生活的狀態。

環境的限制

除了父母的限制，有時大環境也會給人帶來限制。這時，你可以不斷問自己：我可以怎樣拓寬我的時空呢？

我有一位朋友就是這種情況。雖然生活在小山村，但她始終有非常清晰的意識：「我絕不屬於這裡，我不能接受自己一直被封閉在這麼狹隘的空間中。」最終，她抓住各種機會，走進了更廣闊的世界。

現代社會呈現出了巨大的流動性，年輕人都在爭相奔向開放的大城市，這也是在尋求更大的時空。所以，其實大環境的限制已經不容易出現了，相反，展現在我們面前的是各種拓寬時空的機會。

所以我想，每個人都可以時不時地問自己這樣兩個問題：我的時空是在萎縮，還是在伸展？我有沒有很好地利用各種機會？

思考題

在現實層面和想像層面上，你獲得過怎樣的成長動力？

02 走向社會化：向超級個體化的目標前進

在一個人的成長過程中，社會化和個體化是一組經典的矛盾。其中，社會化是個體融入社會的過程，個體化則是成爲自己的過程。關於個體化，有一個富有詩意的表達：**人生只有一種成功，那就是按照自己的意願過一生**。個體化的內容，本書已經講過很多了，這一節就著重來談談社會化。

人需要一定的社會化，否則就會陷入孤獨，心理上也容易產生疾病，但社會化不能以嚴重地損失個體化爲代價。前面說過，好的父母是孩子的容器，同樣，好的社會也是好的容器，可以容納形形色色的不同個性的人。這一點很重要，個體的幸福、社會的美好，都與這一點有關。就像羅素那句名言所說的：「須知參差多態，乃是幸福的本源。」

可以說，一個人的社會化過程，就是在不失去自我的前提下，對社會有基本的適應。要實現這一點，一個人需要在社會熔爐中，在力量維度和情感維度上伸展開自己的動力。

校園霸凌

我想講一個比較特別的現象——校園霸凌。這可能是很多人都經歷過的事，現在也時常發生在我們身邊，而且它通常發生的時間就是一個人最初經歷社會化的學生時期。所以我覺得，從這個現象入手，可以幫你更好地理解社會化，以及一個人動力的展開與社會熔爐之間的關係。

校園霸凌是力量維度的事情。有些校園霸凌，是一個霸道的孩子欺負其他孩子。嚴重一些的，可能是一個孩子王搞了一個小團體，一起欺負別人。我認爲，那些被嚴重欺負的孩子，常常在力量維度上的表達有很大的困難。

在普通級別的校園霸凌中，被欺負的孩子可以透過好好地表達力量，例如反擊，去解決問題。但是，當霸凌到了嚴重的地步，就超出了孩子的應對範圍，可以說是遇到了巨大的挫敗。這時，孩子的父母、學校等其他方面的力量就要發揮容器功能，幫忙解決這種超出了其應對能力的挫敗。

根據我常年的觀察，我發現大多數被嚴重霸凌的孩子，他們的父母也很軟弱，在平時的生活中不會使用力量——既不會使用力量保護家庭，也不會使用力量攻擊孩子。至於霸凌者，特別是霸道的孩子王，則常常有兇悍的父母。他們認同了父母的霸道，到了學校裡，就霸道地對待同學。

校園霸凌問題絕對是個大難題。首先，法律對未成年人缺乏約束手段。其次，孩子們常常認爲孩子之間的事最好由自己解決，求助於老師和家長是一件羞恥的事。當一個孩子向家長、老師等成年人求助時，一般意味著霸凌已經相當嚴重了。可是我也看到過很多案例，家長在這種時候反而會訓斥孩子。我認爲，這就是因爲家長自己軟弱，害怕面對這樣的難題。

看待這樣的問題時，我們需要意識到，未成年人的世界比成年人的世界更殘酷。因爲成年人攻擊彼此時一般是有原因的，所以也有分寸，目的達到了就好。可是，未成年人向他人發起攻擊時，常常沒有明顯的目的，也因此不知道什麼時候應該罷手。假如他們還沒發展出同理心，就很容易失控。所以，在這種情況下，孩子用堅決的態度來保護自己是一種簡單、直觀的方法，這會讓他贏得其他孩子的尊敬。實際上，僅僅是散發出堅定的資訊，就可以讓孩子在很大程度上免去被霸凌的危險。

嚴重的霸凌必須警惕，但事實上，不同程度的霸凌是很難避免的。我們可以這樣理解：**未成年人的世界也是一個社會，他們需要在這個社會中學習表達、掌握自戀、性和攻擊性這三種動力。**

動力的昇華

很有意思的是，一些研究顯示，那些帶頭霸凌別人的人，最終並不容易取得更高的社會地位和成就。例如，萬維鋼老師在「得到App」課程「精英日課第一季」中講到的《歡迎度》（Popular）一書，就有提到類似的研究。

爲什麼會這樣？如果讓我來回答，我會用佛洛伊德的「昇華」這一概念來解釋。在社會化中，人的動力需要昇華，也就是要變得更文明，更容易被社會所接納。只有動力被社會接納了，人才能更好地完成社會化，進而更好地成爲自己。可以說，動力就是一個人的燃料，推動著一個人的成長。社會熔爐給一個人提供的時間和空間近乎無限，而在比較狹窄的時空節點過早地得到動力實現的感覺，會給你製造太早的滿足，然後讓你停在這裡。

對霸凌他人的孩子來說，他們的自戀、攻擊性乃至性的動力，在中小學這個時空節點就得到了巨大的滿足。特別是男孩，如果他能控制一個小團體，並不斷欺壓其他男孩，那他就是這個時空的「王者」，幾乎必然會受到一些女孩的崇拜。於是，他們的人生早早地達到了巔峰。可是，這是一個幻象，我覺得可以叫作「霸凌幻覺」，它只是中小學層級的時空場，這些孩子都還沒有進入眞實的社會競爭。

除此之外，喜歡霸凌的人通常人性發展得不夠好。他們的自我並不完整，而這導致他們難以承受動力、意志方面的挫敗。拿學習來說，一個人至少要發展到意志層級，能持續地努力，才有可能取得好成績，而霸凌者在應對學習這樣的事時就會遇到挫敗。挫敗讓他們動力、意志層級的「我」產生要死掉的感覺，這種感覺太糟糕了，他們想把這種感覺排解出去，於是可能會發展成欺負其他同學的情況。更糟糕的是，透過這種轉嫁受挫感的方式獲得了「王者」般的體驗，覺得自己站到了權力的巔峰。如果他們迷戀這種感覺，就更難以面對以後成長過程中的困難了。

相反，那些把自戀、性和攻擊性的動力昇華了的孩子，那些動力逐步被社會接納了的孩子，他們雖然也會感到壓抑，但只要能持續努力，就更有可能在情感維度上發展，而這使他們更善於和別人共處。最終，在人生這場長跑中，他們變得更成功了。

體系化與超級個體化

體系化就是指人們集中起來，形成一個體系，占據很多資源。當體系化特別嚴重時，孤零零的個體就會感到恐懼——他們擔心自己會被排除在體系之外，找不到生存空間。對應到校園霸凌中，被霸凌者感到恐懼和壓抑的一個原因，就是霸凌者的小團體對他們進行各種刻意的排擠。

與體系化相對應的是超級個體化。一個高度個性化的個體，哪怕沒有與他人組織起來，看起來孤零零的，但其實也具備了很強的影響力，因此能生存得很好。

你可以回憶一下，在學生時期，你身邊有沒有這樣一個同學：他不會被任何小團體影響，有自己的三兩個好友，學習成績很好，但不是唯老師命是從，而是有自己的見解和主張，經常一副不太好惹的樣子。他可能還讀了很多書，總是讓你感覺很有見識。有什麼班級活動，大家也總想聽聽他的意見。我覺得，這樣的人就是高度個體化的人。當他們繼續發展自己的個體化時，就有可能成為超級個體化的人。

在社會化的過程中，我們需要避免體系化，並有意識地向超級個體化努力。具體的做法多種多樣，但我認為其中的核心是要懂得區分成就動機和權力動機。

成就動機，是說你不斷發展自己是爲了追逐成就，爲了把一件件具體的事做好；權力動機，則是說你發展自己不是爲了做好一件事，而是爲了在體系中占據高位。如果你的成長只是在發展權力動機，卻忘了成就動機，那你雖然看似是在努力讓社會接納你的動力，但實際上會起到相反的作用。

我認爲，時代進化到超級個體時代是一個進步，是一件好事。例如，我們現在處於網路時代，網路是一個無限且平等的平臺，具有鮮明的個體化的人更容易在這裡脫穎而出。對每個人的成長來說，這是極好的社會環境。但這也帶來了一個問題——如何才能成爲超級個體呢？這需要不斷學習，可是這會不會給人帶來更大的焦慮呢？在我看來，終身學習很重要，但還有一個原則更爲重要，我會在下一節來具體談談。

思考題

在你成長的過程中，有沒有某一個社會化的節點增強了你的動力？在平衡社會化與個體化這一對矛盾時，你認為應該注意些什麼？

03 成為超級個體：要認清深度關係的重要性

在社會化的過程中，人們需要避免體系化，並有意識地向超級個體化努力。而想要成爲一個超級個體，或者至少能活得不遺憾，就要把握好一個原則，這個原則就是你要眞正認識到，一切好東西都來自深度關係。

在關係中投入眞實

自戀是人的根本屬性，在自戀的驅使下，人很容易產生權力動機，並由此產生比較心。所謂比較心，就是希望我的能力比你強，我的位置比你高。可是，人都會經歷一個深刻的進化，那就是進化到關係維度。當進入關係維度後，我們就有可能領會到一個基本事實——**一切好東西，都是深度關係的副產品。**

好的關係是幸福感最重要的源頭。具體來說，好的關係其實就是和一個人建立深度關係。你在關係中深度投入了你的眞實，然後碰觸到對方的眞實。眞實的你們深度碰撞彼此，由此建立了深度關係。

我特別喜歡臺灣漫畫家蔡志忠的一個說法。他說，如果一個小時值十塊錢，把它分成兩個半小時，每個半小時都不值五塊錢；如果分割成四個十五分鐘，那麼每個十五分鐘連一塊錢都不值。反過來講，連貫的十個小時或許就「價値連城」了。

他講的其實是專注：專注一個小時的價値並不是專注半小時的兩倍；而持續專注好幾個小時的價値，可能比專注一個小時翻了好幾倍。所以，雖然看起來每個人擁有的時間差不多，但能持續高度專注的人在時間上遠遠勝過了其他人。可以說，他們獲得了對時間的掌控感。

我完全信服蔡志忠的這個說法。但問題也來了——爲什麼有的人能持續專注，有的人卻不行？

我認爲，這是一個關係問題。當你和一個事物打交道時，這個事物的外部資訊就會湧入你的內在，這就是你和這個事物的關係。那麼，你是如何感知這些從外部湧來的資訊的呢？你是否能掌控這些資訊呢？

掌控外部資訊

我認爲，感知外部資訊有兩個維度：一是你覺得外部資訊是善意的還是敵意的；二是你自我的水準是脆弱的還是堅韌的。下面來講一個個案的案例幫助你理解。

這位個案是一個女孩，來找我做諮商時，她的問題相當嚴重。但是，她特別吸引我。當她講自己的故事時，我總是能高度地專注。她的表達能力非常好，能把一些並不多見的心理描繪得清清楚楚。我認爲，她的智商也很高，問題是，她不能和人交往，也不能靜下來讀書。導致人生沒辦法更往上一層，因爲沒有新的資訊注入。她一直不能接受這一點，也不理解爲什麼會這樣。

我從她的渴望中看出了問題：她渴望能澈底封閉起來，有一臺能上網的電腦，可以維持基本的生活，就這樣與世隔絕。這種渴望導致了一種現象，那就是任何影響她封閉的資訊，比如她家附近的雜訊都會使她煩躁，也可以說，這讓她失去了掌控感。更準確地說，她不是煩躁，而是有一種級別很高的暴怒。本質上，她覺得這些影響她封閉的資訊都是在攻擊她，都是有敵意的。

這一點在我和她的諮商關係中也展現出來了。第一次來的時候，她就非常清晰地叮囑我說：「請不要給我任何建議。」特別是心理諮商師的建議，對她來說就是干擾級別很高的外來資訊，被她感知到的敵意水準也會非常高，所以她一開始就憑本能告訴我放棄諮商師的這個功能。

另外，她的自我非常脆弱。把外來資訊感知爲有敵意的，加上自我極度脆弱，這自然會帶來一個問題——外界資訊一進入她的內在，她的實際體驗就是「我」被殺死了。所以，在我看來，她不能讀書，不能與人交往，都是爲了躲避「我」被殺死的恐怖感覺。

一切好東西都是深度關係的產物，而她根本就沒有深度關係，所以也就沒有創造出任何好東西。用蔡志忠的話來講，就是她根本沒有與事物建立關係的專注時間，沒有辦法掌控事物帶給她的外部資訊。

我的另一位個案情況要稍好一點。他是一位男士，他能讀書，但他發現自己讀書最多只能持續兩分鐘，然後就會分心。在我和他探究爲什麼會這樣時，他發現那是童年時一種刻骨銘心的體驗——他做任何事情都不能專注，因爲隨時都在擔心媽媽會離開。他的分心是在尋找媽媽、關注媽媽會不會離開他。

我認爲，在分離與個體化期，這位男士缺少媽媽持續的陪伴，而這導致他不能專注地玩耍。前面那個女孩則是在嬰幼兒期嚴重地缺乏陪伴，這是一種極度匱乏的狀態。

獲得掌控感

精神分析理論認爲，**父母和孩子關係品質的重要性，遠遠勝過父母能教給孩子的經驗和知識**。如果父母或其他養育者能做一個穩定的容器，孩子的生命力就能被容納在其中。而且，由於父母與孩子的關係是基本善意的，孩子會形成一種基本的感知——從外界湧入的資訊基本是善意的。對孩子而言，敵意和善意是什麼意思？其實就是能否按照自己的意願讓他們獲得掌控感。人生只有一種成功，那就是按照自己的意願過一生。其實這在童年時就開始了。

我接觸的很多父母都會對孩子專注力的問題感到疑惑。他們認爲自己把孩子照顧得很好，滿足了他們的一切需求，但不知道爲什麼孩子還是不能專注。我發現，這些父母在照顧孩子時通常都是按照自己的意願來行動的。在這種情況下，雖然父母滿足了孩子的基本生活需求，但在孩子的感知中，父母常常是入侵者，是有一些敵意的。

不過，有一些敵意的入侵者也遠遠好過孤獨。因爲在太孤獨的環境下，孩子會把一切外來資訊視爲有敵意的入侵者，會產生絕對的排斥。而普通的父母，就算偶爾會有入侵，孩子也會發現入侵的資訊有敵意的也有善意的，不用絕對排斥。孩子在生命早期的養育者與他的關係，就會奠定這樣的基調。

做爲成年人，我們可以認識這個道理，然後試著尋找辦法，把湧入的資訊從感知爲敵意的變成感知爲善意的，方法非常簡單，就是去掌控一個事物。能掌控時，你就會把資訊感知爲善意的；不能掌控時，你就會將其感知爲敵意的。這是非常微妙的，你可以試著去體會一下，看看是不是這樣。

在確認了這樣的前提後，你可以尋找一個感興趣的事物去練習如何掌控它。每當你想轉身離開時，會容易認爲是自己累了，可是仔細覺知後會發現，這通常不是累，而是挫敗感，是你覺得自己被這個事物打敗了，你的自戀被嘲弄了，你轉身是想去尋找自戀的安撫。

安撫自我很重要，但簡單安撫之後，你要再次轉過身來，繼續練習掌控這個事物。

本節一直在說對外部資訊的掌控感。但實際上，掌控不是根本性的表達，而是關係不夠深時用的一種表達。當關係不夠深時，你的確會覺得自己是主體，而那個事物或人是客體，是你需要掌控的物件。隨著持續地投入，當你越來越能掌控這個事物時，會越來越專注，感覺好像每個事物都像有生命一樣，你和這個事物的關係也越來越深。甚至突然有一刻，會體驗到沒有我也沒有你，沒有自體也沒有客體，就連時空感都變了，你進入渾然忘我的狀態，和這個事物融爲了一體。這就是高峰體驗的共同特徵。

思考題

你有沒有過掌控感滿滿的體驗？它是如何發生的？你又從這份體驗中收獲了什麼？

04 建構深度關係：關鍵是眞實地活著

上一節講到，一切美好的事物都是深度關係的產物，也解釋了爲什麼有人不能構建深度關係。這一節，就來繼續談談該如何建構深度關係。其實方法也很簡單，那就是眞實地活著。

眞實自體與虛假自體

所謂眞實地活著，指的是能建構眞實的自體，與之相對應的是建構虛假的自體。

建構眞實的自體，就是要眞實地展現自戀、性和攻擊性這些生命動力。展現這些其實是危險的，而爲了避開危險，人們就會選擇將自己的生命動力隱藏起來。這就不可避免地會帶來一種情況——人會活在思維層面。向思維認同，將思維等同於「我」，就是虛假自我。

因爲做心理諮商的工作，我也算閱人無數了。我發現了一個規律——**在某個領域內出類拔萃的人，大多都是非常真實的人**。出於道德層面的考慮，我們很容易美化謙遜。但我仔細觀察後發現，這些出類拔萃的人在普通的爲人處事上可能是謙遜的，但在他們擅長的領域內，通常是自戀的、具有攻擊性的。一切美好的事物都是深度關係的產物，可是，只有拿出了眞實的人，才有可能與一個事物建立起深度關係。如果你一直是虛假的，那麼就根本不可能建立起深度關係。

這讓我想到了一個現象，那就是中年危機。人到中年之後，精力下降，由於很難更新、反覆運算自己的知識結構，在工作上也很容易遭遇瓶頸。同時，他們又處在上有老下有小的階段，家裡要處理的麻煩事也變得很多。所以就感受到了嚴重的危機。可是，並不是所有人都這樣。也有很多職場菁英、成功企業家就是在中年時期發力，在各個方面都取得了好成績。

爲什麼會有這樣的差別呢？除了每個人不同的個性化原因，我認爲從總體上來說，這兩種中年人身上的熱情有很大的差別。對後一種人而言，年齡成了對他們的祝福，他們身上帶著一種熱情；對前一種人而言，年齡則成了一種詛咒，他們缺乏這樣的熱情。那麼，熱情是什麼？自體心理學家科胡特認爲，心理健康的標準是自信和熱情。活力滋養自身，就是自信；活力能流向客體，就是熱情。我認爲，這裡說的活力可以理解爲人性化的動力。所以，那些帶著熱情工作的人，就是能將自己的動力灌注在工作中的人。

很多人雖然也在積極工作，但常常是按照套路工作。他們只是在用頭腦工作，而不是用眞實的動力工作。我現在也是一個公司的老闆，有熱情也是我招募員工的重要標準。我認爲，如果要招募普通職缺的員工，那有聰明的頭腦和較好的文化水準就足夠了；但如果要招募重要職缺的員工，就必須看看他們身上是否有這種熱情。

親密關係中的眞實

在親密關係中也是一樣的。如果你想擁有一份深度的親密關係，就必須問問自己：你呈現了眞實自體嗎？對方呈現了他的眞實自體嗎？或者說，在這份關係中，你們能保持眞實嗎？與工作不同的是，親密關係涉及全方位的動力，就是自戀、性和攻擊性這些動力都會有所涉及。在一份親密關係中，如果不能讓這三種動力自然而然地流動，那麼，即便這份關係看上去非常美好，也是沒有意義的。時間會驗證這一點。

我可以透過對一句俗語的簡單解釋來幫你理解這一點，這句俗語就是「男人不壞，女人不愛」。所謂的「壞男人」，可以理解為在相當程度上保持眞實的人，「壞」可能就意味著他充分展現了自己的動力。相反，所謂的「好男人」，可能各方面做得都對，但就是缺乏親密和激情。

前面說到謙遜，我認爲，人可以最終活得謙遜，但這不應該是一開始的狀態，而應該是攻擊性得以人性化的自然結果。如果一個人年紀輕輕就過分懂事，在他身上幾乎看不到自戀和攻擊性的部分，那他就不容易在事業上取得成功，甚至都不能很好地構建親密關係。在做心理諮商的過程中，我看到過很多愛情故事。這些故事一開始都非常浪漫、完美，甚至讓我忍不住覺得這簡直可以直接被搬到影視劇裡。但幾年之後，這些看上去很浪漫的愛情卻都瓦解了。在這些故事中，我看到了一個共同的規律，那就是雙方都在用力地對對方好，沒怎麼「壞」過。兩人意見不合，向對方表達不滿，偶爾發生小衝突，這些都可以稱爲「壞」。而這些故事中，有的是其中一個人嚴重地不能在關係中表達「壞」，有的則更糟糕，是兩個人都不能表達。我甚至可以有點絕對化地說：**「在親密關係中，如果兩個人都在呈現對對方的**

好，沒怎麼發生過衝突，那這份關係必然會終結。」

例如，我的一位個案是一位女士，她非常享受自己的婚姻。然而在結婚七年後，突然有一天，她發現老公出軌了。她沒辦法接受這一點，於是對老公說：「過去的七年中，你一直讓我覺得自己在天堂，爲什麼要突然之間把我拉下地獄？」我和她深入探討後發現，在她的婚姻中，她老公簡直是一位「二十四孝老公」，各方面都做得太好了。例如，她一回家，老公就已經把睡衣、拖鞋、牙刷都幫她準備好了，甚至擠好了牙膏。在他們相處的七年中，老公對她的照顧可以說是無微不至的，就像一位有完美主義傾向的媽媽在照顧嬰兒一樣。可是實際上，老公多次對她表達過自己很累、很壓抑，但她都聽不到。在她的感知中，她是突然間失去老公對自己的愛的，但其實老公是逐漸遠離她的，只是同時還一直在無微不至地照顧她，給了她這種假象。

事實上，一個人要建構好深度的親密關係，比在事業上做到出類拔萃難得多，因爲建構深度關係需要在關係中全面地展現自己的生命動力。

深度關係需要時間

和過去相比，現代社會有一個巨大的變化，就是改變的速度快了很多。人們開始在空間上有了更多的選擇。例如，一份工作不適合自己，就換一個。甚至一段親密關係不適合自己，也可以換一段。對整個社會來說，這當然有很大的正面意義——每個人都可以遵循自己的內心，做出符合自己心意的選擇。但在這種背景下，我們也得知道，深度關係的構建需要時間的累積。

我覺得，生命的歷程最好是這樣的：生命最初的六個月，能展現動力；等到了兩歲，能展現意志；三歲左右時，初步形成了個性化自我，然後在家庭中初步學會競爭與合作；緊接著，在漫長的社會化過程中，自我越來越堅韌有力，空間也不斷地延展。

但是，這是比較理想化的情況。現實中，擁有這樣比較理想的生命歷程的人並不多見。你可以觀察一下自己，想辦法回溯成長經歷，去定位自己在不同階段的發展狀態。如果發現你抽象意義的自我、意志和動力沒有很好地在相應的階段形成，那你至少可以從現在開始讓自己活得真實，大膽地去呈現生命動力。

關於活得真實，沒有一本具體的操作手冊能讓你一步一步地學習。我的建議是，按照你能適應的難度層次，一層一層開始在不同深度的關係中嘗試。你可以先設定一些容易達成的小目標，達成後再提升難度。例如，如果難以在工作中展現眞實的一面，那可以先試試向親近的朋友或伴侶說出某個隱藏很久的想法。這樣一點一點的小成就，會幫助你逐步走向眞實。

思考題

在真實地活著這件事上，每個人都有自己不同的經歷。你曾經用過什麼樣的方式，說明自己展現真實的一面嗎？

05 進入無限世界：活出最真實的自己

我在本書中反覆強調，自我的形成和發展分為五個階段：自閉之殼、母愛懷抱、家庭港灣、社會熔爐和無限世界。在這個過程中，一個人要不斷刺破此前的殼，進入更大的空間，然後這個更大的空間又形成了一個新的殼，又要繼續刺破，再進入新的廣闊空間。這一節，我們就來談談最後一個步驟——突破社會熔爐，進入無限世界。

無限世界

我認為，無限世界就是我們目力所及的全世界，是普通人所能觸及的最大現實空間。除了物質空間，無限世界還包括無限的精神世界，或者說無限的想像世界。

在我看來，有大部分的人都需要進入無限世界。例如，不管是要探討哪個領域的真理，都不能簡單忠於某個有限的空間，因為那會把你鎖住，將你定格在那裡。

比如哲學家的思考，如果是直接思考人性，很容易對社會當前的存在狀態構成衝擊。所以，他們需要進入無限世界。

在心理學領域，這個邏輯同樣存在。很多人試圖發展出扎根於中國文化的本土心理學，這種嘗試很有價值，但如果它是出於對我們自身所處的社會熔爐的簡單忠誠，那這種探討也會變得很有限。因爲從根本的人性上看，全世界的人都是一樣的，都遵循同樣的基本邏輯，只是表現形式有所不同而已。這樣講可能會讓你覺得很抽象，下面來看一下我的一個好朋友的故事。可以說，這個朋友是我身邊最典型的進入了無限世界的人。

我這個朋友是一位女士，已經在美國定居很多年了。前幾年，她搬到了波士頓。到達當地後，她立即做了一件事，就是去找波士頓的市長。她並不是要解決什麼問題，而是跑去對市長說：「我剛剛搬到波士頓，我是一個什麼樣的人，我希望能爲此地做出貢獻。」然後，在接下來的幾週裡，波士頓市長眞的爲她安排了拜訪波士頓各種機構的機會。這件事讓我非常感慨，我對她說：「妳簡直到哪裡都是主人。」

她和我同齡，一直在世界五百強企業工作。她做的是市場行銷，所以足跡幾乎遍布全世界。不只是在波士頓，她覺得自己好像到哪裡都不怕，到哪裡都有一種主人翁的感覺。剛到美國工作時，她非常驚訝，因爲她的華人同事對公司主管非常小心謹愼。於是，她對這些同事說：「你們要『粗魯』地對待主管。」她的意思是，你越是輕鬆、直接，這些主管就會越喜歡你、重視你。不過，後來她發現，這些東西她沒辦法教給別人，別人即使知道了，可能也做不到。我認爲，因爲這是人格的力量。或者說，因爲自我層級的不同，所以不是每個人都能輕鬆做到這一點的。

有一次，我和這位朋友進行了一番深入的談話，我發現她完全不知道壓力是何物。不管在什麼高挑戰的環境下，她都能充滿強烈的好奇，同時能釋放出自己滿滿的能量，與權威相處時也總是能輕鬆自如，但又不會讓他們感到冒犯。做爲一名心理諮商師，我非常想總結出其中的原因，所以我不斷深入地了解她的人生，特別是她的原生家庭。隨著眞相層層剝落，最後落到了這樣一個觀點上：她的媽媽充滿力量和愛，她對媽媽有很高的認同，因此和媽媽的競爭也建立在認同的基礎之上。而且，由於競爭中有認同，她在向權威表達自己的觀點時也沒什麼內耗，自然而然地就呈現出了高情商的狀態。不只是和媽媽的關係，她和爸爸的關係簡直也是她在主導，她可以肆意地在爸爸面前表達自己的感受和力量。

把這些情況理清之後，我忍不住感歎：這樣活著，眞是愜意！如果用本書的理論來講就是這樣的：首先，因爲媽媽有愛，所以她輕鬆地從自閉之殼跳入了母愛懷抱。其次，因爲媽媽有力量，也鼓勵她獨立，所以她又自然地突破了母愛包圍圈，進入了家庭港灣。在家庭港灣這部分，她出了一些問題——因爲父親不夠有力量，所以她後來總是在尋找有力量的男性，而這給她帶來了痛苦。但總體上來說，她能在家庭港灣中展現自己。

除此之外，她的社會化極好，無論到哪裡都深受歡迎。她的個性化也非常好，個性很鮮明，而且不管在什麼環境下，都可以簡單地拒絕別人。也就是說，她成功地跳入了社會熔爐。

在中國工作了兩三年後，她去了美國，因爲覺得崇尚個性的環境更適合她。在美國，感覺自己的個性得到了最大程度的伸展，逐漸地，她覺得整個世界都像是自己的舞臺。也就是說，在社會空間層面上，她突破社會熔爐，進入了無限世界。

非常有意思的是，雖然她進入了無限世界，但如果見到她，你一定立刻就能看出她是中國人。中國文化的一些傳統像是烙在了她身上一樣。

世界公民

前面一直在講，一個人的完整發展需要不斷刺破當前的殼，最終翱翔在無限世界。但是，我想再次強調一下一個在總論中就提過的畫面：**當一隻鷹在天空中自由翱翔時，牠的心中藏著過去的所有畫面，藏著對過去的愛，這構成了一種自然而然的忠誠。**所以，最終翱翔在無限世界中的人，並不會徹底背叛過去身處的社會熔爐、家庭港灣、母愛懷抱乃至最原始的自閉之殼。他們並沒有與這一切割裂，而是與自己的過去有深刻的連結，有一種出自愛的忠誠，但那不是偏執、狹隘的忠誠。這樣的人，我認爲就可以稱爲「世界公民」了。

說到世界公民，我在另一位好友、湖畔大學CEO班的孫博身上看到了這種感覺。孫博是一家旅行機構的創始人，她也去過全球大多數國家。我覺得她最顯著的特點是，無論在哪裡，都像是她的主場。一般人到了其他的國家，會覺得自己是客人，可是孫博在哪裡都覺得自己是主人。

「地球」「世界」或「無限世界」，都是對外在空間的一種描繪。實際上，能在無限世界有主人感的人，一定是先做到了一點——他們是自己內心的主人。

如果你想讓孩子感覺到，整個世界都是他的主場，最簡單的做法就是，在生命最初就讓他感知到，他的動力、意志乃至自我可以充分地在家庭這個人生練習場中存在並展開。如果想讓自己有這種感覺，那麼，試著從現在開始去活出自己，在一個又一個的細節上活出自己。

我還有一個觀點：當一個人能眞實地活著，能忠於自己的內心時，他就會打開一個通道，直接和存在本身相連。這是誰都可以擁有的一個便捷途徑，它是自由靈魂的專利。關於這一點，更詩意的表達是：**一個人的本心，可以直接通向星辰大海，與萬物相連。**

⌛

康得說過：「世界上唯有兩樣東西能讓我們的內心受到深深的震撼，一是我們頭頂浩瀚燦爛的星空，一是我們心中崇高的道德法則。」

浩瀚星空和根本性的道德法則都屬於無限世界，是鎖在自閉之殼、母愛懷抱、家庭港灣和社會熔爐中的人所體驗不到的。而閱讀完這本書，我希望你能知道，**你的自我是可以超越一切現實的存在。**

後記 世界上只有一個你

人來到這個世界上，不是爲了當炮灰的，而是爲了活出自己的精彩。

做爲一名心理諮商師，我看到每個人都在盡可能地活出眞我。但當環境嚴重壓制眞我時，人就會把眞我藏起來。這時，這個人就失去了一些寶貴的東西。

我認爲絕對不會存在一個極其順從，同時又極具創造力的人。順從的人可以是一個不錯的工具，但活力和創造力這樣的東西必須建立在一個人能做自己的基礎上。

現代舞大師瑪莎．葛蘭姆說過這樣一段話：「有股活力、生命力、能量由你而實現，從古至今只有一個你，這份表達獨一無二。如果你卡住了，它便失去了，再也無法以其他方式存在。世界會失去它。它有多好，或與他人比起來如何，與你無關。保持通道開放才是你的事。」

其實，很多智者都表達過類似的意思。例如，諾貝爾文學獎得主、俄羅斯文豪亞歷山大．索忍尼辛就有一個非常簡潔的表達：「每個人都是宇宙的中心。」我想，這句話可以直接用在我們自己身上：「你，就是宇宙的中心。」

對你而言，自身的寶貴性不言而喻；對你所在的社會和世界而言，同樣如此。一個偉大的社會，必然需要一個又一個超級個體的誕生。對此，我也有一句話：「活出自己，是一個人對世界最大的祝福。」

那麼，到底如何活出自己？我想在這篇後記裡給你一些建議。這些建議可能很平實，很普通，但它們眞的能給你力量。

第一，請先照顧好你自己。

更明確地說，就是請先照顧好你自己的身體，包括滿足自己各種各樣基本的物質性需求。

嬰兒走出自閉之殼，進入母愛懷抱的一個重點，就是媽媽等養育者照顧好了嬰兒的身體需求，透過這個過程，媽媽也和嬰兒建立起了基本的關係。成年人也一樣。如果一個人在童年時得到了比較好的照料，成年後他就會自然而然地把自己照顧好。如果在童年時沒有得到很好的照料，他就會把正常的基本需求視爲貪婪、過分的可怕需求，會鄙視它們，轉而過於重視精神性需求。可是精神性需求又很容易成爲想像層面的東西，進而會讓人一直陷在孤獨中。

同樣，如果你愛上了一個人，想和他建立親密關係，那麼，試著和他一起照顧好你們彼此吧。

第二，明智地看待關係。

成爲你自己，但必須在關係中。如果一個人在孤獨中，那他是沒辦法幸福的，也不可能圓滿。

人不能澈底活在孤獨之中。的確，飽滿的靈魂可以享受孤獨，但如果從出生起就一直在孤獨之中，那就必須警惕，因爲這極有可能是活在自閉之殼中。

我在心理諮商工作中看到，一個人關係的匱乏程度與其心理問題的嚴重程度是正相關的。有的個案一開始心理問題比較嚴重，但在他們建構了基本的關係，如戀愛關係、朋友關係等之後，人格的成長和做心理諮商的效果都有了好轉和進步。所以，即便你處理關係的能力不夠好，也要勇敢地去建構基本的人際關係，不要澈底封閉在孤獨中。

在建構和維繫關係時，要明智，不要太理想化。明智的意思是，去建構對自己有益的關係。所以，要有意識地選擇和誰在一起。當一份關係變得有「毒」時，要敢於結束它。當然，如果是難以結束的血緣關係變得有「毒」了，就要勇於遠離它。人的成長是很不容易的，特別是對人格水準不夠高的人來說，他們需要借助關係來救助自己。世界非常大，要相信每個人都能找到與自己相匹配的關係，特別是親密關係。

當你擁有一份與自己特別契合的關係時，這份關係就會讓彼此都能得到滋養。如果推動這份關係發展成超深度關係，你就會看到，這是生命中最重要的幸福感的源泉。

第三，尊重你的感覺。

關於眞實地活著，一個證明就是非常尊重自己的感覺。而感覺來自體驗，來自心靈深處。追尋感覺時，大部分時候，你並不知道是爲了什麼，但就是有一種莫名的引力帶著你前行。

當你在某一個領域，乃至在整個人生中都做到了這一點時，會慢慢發現，原來在一個又一個感覺的背後有深刻的聯繫。對此，賈伯斯的形容是：每次聽從感覺所做的選擇就像是一粒珍珠。當一個又一個的珍珠散落著時，你不知道到底爲什麼選擇它們，但突然有一天，這些珍珠有序地串成了一個整體，才發現原來是有一條線貫穿其中的。

還可以從另一個角度來看是否做到了這一點，那就是看你是否展現了三種生命動力——自戀、性和攻擊性。如果從未展現過，那意味著你還沒有眞實地活著，尊重感覺也就無從談起了。

第四，守護你的權力。

權力是至關重要的部分。你需要思考一下對自己的空間有多大的權力？例如，在你的房子裡，你是主人嗎？當遇到反客爲主的人，不管是親人還是偶爾來的客人，你能直接捍衛自己的權力嗎？此外，你的頭腦、心靈、時間和工作崗位，你都能守護嗎？

如果明明是你的空間，卻沒有自主權，就意味著你遭遇了入侵。入侵會引起你的敵意。當敵意太強，而關係又不得不維繫時，就會陷入僵硬的狀態。也就是說，你只能與外界保持非常淺層的互動，而內在的流動被澈底切斷了。你的頭腦在動，但沒有了創造力；身體在動，但沒有了活力；情感在維繫，但沒有了熱情。

保護你的空間，守護你的權力，只有這樣，你的生命動力才能在這個空間內自由流動。

第五，主動擁抱自戀的破損。

自我的成長必然伴隨著自戀的破損。對一個人來說，自我越虛弱，就越恐懼自戀的破損。然而，嚴重地活在自戀中，常常又意味著其他客體的能量不能很好地流進你的空間。

成長中總是會有各種傷害，當傷害嚴重一點時，我們會覺得像是遭遇了創傷。然而，生命中有一個眞理——當傷口出現時，光也就有可能進入了。這來自魯米的詩句：「傷口，是光照進來的地方。」

勇敢地活，努力地去追逐想實現的目標，擁抱發生的創傷。在這個過程中，你越眞實，越主動，隨著時間的推移，就會發現自己越沒有遺憾。創傷通常不會導致遺憾，最容易讓人感到遺憾的，是沒有充分展開自己、太過畏縮。因爲這樣雖然的確能讓你在事情發生時保護自己的自戀，可是之後你就會明白，自戀從未嚴重破損過的一生是枯燥乾癟的一生。

奥地利心理學家維克多·弗蘭克說：「投入地去愛一個人，投入地去做一件事，幸福就會降臨。」但我要說，在投入的過程中會發現，你的自戀會受損，但同時你也會不斷成長，這是一種必然。

第六，通向自我實現。

「自我實現」「活出你自己」「成爲你自己」，這些語句表達的其實都是同一個意思。不過，不要把「活出自己」理解成爲所欲爲。如果爲所欲爲就能通向自我實現，那這條路也未免太簡單了。

精神分析理論認爲，活出自己的過程是人性化攻擊性的過程。最初，當一個人的自我太脆弱時，會恐懼於自己的攻擊性，因爲擔心一展現攻擊性，自己就會被報復，甚至被滅掉。於是，爲了保護「我」，人就會壓縮自己的攻擊性，這時就只是在活著而已。度過這個恐懼的階段，人不再擔心一展現攻擊性就會被滅掉，這時就有了基本的存活感。但接下來，又會進入內疚的階段，他開始擔心一展現攻擊性，就會傷害自己所愛的人。

我們就是在恐懼和內疚之中，不斷修煉攻擊性的表達。最後，你可以由衷地信任自發性，坦然地伸展攻擊性，不再恐懼自己會受到傷害，也不再因爲擔心會傷害所愛的人而內疚。你可以看到，人格成熟的人能自如地表達自己的力量，而他們的力量既能滋養他們自身，又能滋養他們所在的關係。這絕不是一條可以輕易實現的路，但它是眞的可以實現的路。

願我們每個人都能先初步形成一個眞實自體，然後再接受眞實世界的淬煉，最終活出自己。

在談到活出自我的話題時，羅胖引用了鋼琴家格連·顧爾德的一段話，我覺得說得實在太好了：「一個人可以在豐富自己時代的同時，並不屬於這個時代，他可以向所有的時代訴說，同時他不屬於任何特定的時代。一個人可以創造自己的時間組合，拒絕接受時間規範所強加的任何限制。」

我在本書中勾勒了一個自我誕生並成長的「蛋——雞——鷹」模型。依照這個模型，自我的誕生與發展看起來需要經過一個又一個階段。可是同時我也想說，一個忠於自我的人，可以破碎時空，碰觸存在，與道相連。這聽上去非常詩意，像是捷徑一般，但這條路只屬於忠於自我的人。

請記得，世界上只有一個你！

感謝你的閱讀，你的自我終將誕生。

Eurasian Publishing Group
圓神出版事業機構
用心與你對話・視野無限寬廣
圓神出版社
Eurasian Press
www.booklife.com.tw reader@mail.eurasian.com.tw
勵志書系 151

自我的誕生：幫你建立強大真實的自己

作　　者／武志紅
發 行 人／簡志忠
出 版 者／圓神出版社有限公司
地　　址／臺北市南京東路四段50號6樓之1
電　　話／（02）2579-6600・2579-8800・2570-3939
傳　　真／（02）2579-0338・2577-3220・2570-3636
總 編 輯／陳秋月
主　　編／賴真真
責任編輯／歐玟秀
校　　對／歐玟秀・吳靜怡
美術編輯／李家宜
行銷企畫／陳禹伶・林雅雯
印務統籌／劉鳳剛・高榮祥
監　　印／高榮祥
排　　版／陳采淇
經 銷 商／叩應股份有限公司
郵撥帳號／ 18707239
法律顧問／圓神出版事業機構法律顧問　蕭雄淋律師
印　　刷／祥峯印刷廠
2022年8月 初版

定價 360 元　ISBN 978-986-133-834-7

自我的誕生，也意味著一個人終於能真正看見別人了。這時，「我」和「你」就可以放心地建立深度關係，然後在深度關係中創造各種美好的事物了。

——《自我的誕生：幫你建立強大眞實的自己》

國家圖書館出版品預行編目資料

自我的誕生：幫你建立強大真實的自己／武志紅 著.
-- 初版. -- 臺北市：圓神出版社有限公司，2022.08
368面 ；14.8×20.8公分. --（勵志書系；151）
ISBN 978-986-133-834-7（平裝）
1.CST：自我心理學
173.741 111009108